書下ろし

京都奈良「駅名」の謎

―古都の駅名にはドラマがあった―

谷川彰英

祥伝社黄金文庫

本書は、祥伝社黄金文庫のために書き下ろされた。

まえがき

今、関西の駅名・地名にはまっている。もともとは昨年の春、ＡＢＣ朝日放送の人気番組「ビーバップハイヒール」で関西の駅名を取り上げたことがきっかけだったのだが、特に大阪の駅名のおもしろさのとりこになって、今年『大阪「駅名」の謎』を出した。

予想以上の反響で、大阪についてたいした知識もない自分の本がなぜこんなに、とむしろ不思議に思ってきた。

今回はその続編ということで、「京都奈良」の駅名についてまとめてみた。京都はすでに七年前に『京都　地名の由来を歩く』を出しており、ある程度の知識はあったものの、奈良については白紙状態に近く、取材にはかなりの時間を費やした。

私の地名研究の前提になるのは、必ず現地を訪れ、現地取材を通して書くという鉄則である。現地を見なければ地名の本質はつかめない。今回は取材だけで連続一〇日間の旅を行った。今年の三月までは大学の要職にあったため、一〇日間も連続して取材に出ることなど、夢のまた夢であった。今は、自由な時間がたっぷりあることに感謝している。

今回は、「古都の駅名にはドラマがあった」というサブタイトルが示すように、京都・奈良の古都を取り上げたのだが、神戸や阪神地区にも古い駅名がたくさんある。そこで、書名には出ていないものの、神戸・阪神地区の特徴ある駅名も取り上げてある。

また、京都と滋賀の関係はとても密接なため、京都編には滋賀も含めてある。大阪を再度取り上げてみようとも考えたが、前著でかなり書き込んであるため、思い切って今回は割愛することにした。

しかし、関西の鉄道は基本的にすべて大阪が拠点となっており、その意味で、『大阪「駅名」の謎』と『京都奈良「駅名」の謎』をあわせて読んでいただけると、関西エリアの駅名のおもしろさが全体として理解いただけるだろう。

大阪・京都・奈良を歩いてみると、その府県ごとの意識がかなり違うことに気づく。神戸も含めて、この関西エリアは一つではないことは関東人にもよく理解できる。ただ、関東人から見て、共通する点も多い。取材での経験からすると、とにかくどこに行っても駅員さんが親切で丁寧である。東京だと、目的地までどうやって行ったらいいのかと聞いてみても、○番線ですよ、と答えてくれる程度である。ところが、特に大阪・奈良あたりでは、次の列車の時刻まで丁寧に教えてくれる。これは感動である。

私自身は東京エリアで数十年も生きてきたので、余計関西の人々の親切さが心にしみるのかもしれない。

本書は私がフリーな一物書きとして書き上げた最初の作品である。学問の枠としばりを超えて書いてみると、いかに歴史研究ではイマジネーションが大切かということを痛感する。ところどころ認識不足や独断が見られるかもしれないが、それはそれでご教示願いたい。

今回も祥伝社黄金文庫の編集部にはお世話になった。感謝申し上げる。

平成二一年八月二六日

一年に一度しかない誕生日の日に

谷《たに》川《かわ》彰《あき》英《ひで》

【もくじ】

二　歴史を感じさせる京都の駅名（京都・滋賀編）

三 途中下車したくなる奈良の駅名（奈良編）

◉近鉄生駒線

◉JR桜井線

四　ちょっと寄ってみたい神戸の駅名（神戸・阪神編）

◉その他

図版製作／日本アートグラファー

あなたは
何個
読めますか？

【1】京都・滋賀の駅名検定

①中書島（京阪本線）
②墨染（京阪本線）
③東向日（阪急京都本線）
④洛西口（阪急京都本線）
⑤西院（阪急京都本線）
⑥西院（京福嵐山本線）
⑦蚕ノ社（京福嵐山本線）
⑧帷子ノ辻（京福嵐山本線）
⑨有栖川（京福嵐山本線）
⑩車折神社（京福嵐山本線）
⑪興戸（近鉄京都線）
⑫笠置（ＪＲ関西本線）

⑬蹴上（京都市営地下鉄東西線）
⑭椥辻（京都市営地下鉄東西線）
⑮膳所（JR琵琶湖線）
⑯栗東（JR琵琶湖線）
⑰蓬莱（JR湖西線）
⑱穴太（京阪石山坂本線）
⑲安曇川（JR湖西線）
⑳信楽（信楽高原鐵道）

【2】奈良の駅名検定

①菖蒲池（近鉄奈良線）
②二上山（近鉄南大阪線）
③当麻寺（近鉄南大阪線）
④磐城（近鉄南大阪線）

⑤浮孔（近鉄南大阪線）
⑥坊城（近鉄南大阪線）
⑦忍海（近鉄御所線）
⑧平群（近鉄生駒線）
⑨一分（近鉄生駒線）
⑩笠縫（近鉄橿原線）
⑪但馬（近鉄田原本線）
⑫壺阪山（近鉄吉野線）

⑬六田（近鉄吉野線）
⑭平城山（ＪＲ関西本線）
⑮京終（ＪＲ桜井線）
⑯帯解（ＪＲ桜井線）
⑰櫟本（ＪＲ桜井線）
⑱巻向（ＪＲ桜井線）
⑲畝傍（ＪＲ桜井線）
⑳御所（ＪＲ和歌山線）

【3】神戸・阪神の駅名検定

①売布神社（阪急宝塚本線）
②清荒神（阪急宝塚本線）
③夙川（阪急神戸本線）
④仁川（阪急今津線）
⑤門戸厄神（阪急今津線）

⑥苦楽園口（阪急甲陽線）
⑦杭瀬（阪神本線）
⑧垂水（ＪＲ神戸線）
⑨鵯越（神戸電鉄有馬線）
⑩藍那（神戸電鉄粟生線）

【1】京都・滋賀の正解

①ちゅうしょじま ②すみぞめ ③ひがしむこう ④らくさいぐち ⑤さいいん ⑥さい ⑦かいこのやしろ ⑧かたびらのつじ ⑨ありすがわ ⑩くるまざきじんじゃ ⑪こうど ⑫かさぎ ⑬けあげ ⑭なぎつじ ⑮ぜぜ ⑯りっとう ⑰ほうらい ⑱あのお ⑲あどがわ ⑳しがらき

【2】奈良の正解

①あやめいけ ②にじょうざん ③たいまでら ④いわき

⑤うきあな　⑥ぼうじょう　⑦おしみ　⑧へぐり　⑨いちぶ
⑩かさぬい　⑪たじま　⑫つぼさかやま　⑬むだ　⑭ならやま
⑮きょうばて　⑯おびとけ　⑰いちのもと　⑱まきむく
⑲うねび　⑳ごせ

【3】神戸・阪神の正解

①めふじんじゃ　②きよしこうじん　③しゅくがわ　④にがわ
⑤もんどやくじん　⑥くらくえんぐち　⑦くいせ　⑧たるみ
⑨ひよどりごえ　⑩あいな

あなたは何級？

正解数48〜50　京都・奈良・神戸　駅名検定　駅名マスター

難解な古都の駅名をここまで知り尽くしているとは、もはや「鉄人」の域に達しています。あなたには「駅名マスター」の称号をプレゼントしたいと思います。ぜひ、あなたのご存知のとっておきの駅名に関するおもしろい情報を提供していただければと思います。

正解数41〜47　京都・奈良・神戸　駅名検定　1級

さすがです。あなたはかなりの鉄道マニアか、地名に詳しい方ですね。この本では京都奈良の他に、神戸という少し離れた地域までテストしているのにもかかわらずこの成績はとても立派です。

正解数31〜40　京都・奈良・神戸　駅名検定　2級

京都奈良神戸の駅名にかなり強いですね。あなたはもしかすると旅がお好きな方ですか？　鉄道に乗って、おもしろい駅名にひかれて思わず途中下車の旅、そこで新たな発見が…。そんな旅もいいものですよね。

正解数21～30　京都・奈良・神戸　駅名検定　2級

なかなかの成績です。これくらい知っていれば十分、人に自慢できます。「駅名」はその土地の歴史を反映していることが多いので楽しいのです。ぜひ、ご自身でも「駅名探索」をしてみてください。

正解数11～20　京都・奈良・神戸　駅名検定　2級

これくらい知っていれば問題ありません。「駅名」には隠されたドラマが盛り込まれていますから、これからますます興味をもってみてください。

正解数1～10　京都・奈良・神戸　駅名検定　2級

がっかりすることはありません。本書を読めば、読み終える頃には上級者です。

安曇川
琵琶湖
貴船口
鳴滝
車折神社
帷子ノ辻
穴太
一乗寺
蚕ノ社
有栖川
太秦広隆寺
蹴上
膳所
長岡京
東寺
信楽
伏見桃山
中書島
黄檗
小倉
京都
大和西大寺
生駒
奈良
一分
京終
帯解
信貴山下
榛原
三輪
耳成
香久山
長谷寺
畝傍
二上山
当麻寺
岡寺
飛鳥
御所
壺阪山
奈良
JR線
京阪電気鉄道（京阪）
近畿日本鉄道（近鉄）
阪急電鉄（阪急）
阪神電気電鉄（阪神）
叡山電鉄
京福線
その他

売布神社
宝塚
兵庫
西宮
打出
尼崎センタープール
三ノ宮
鵯越
滝の茶屋
大阪湾
大阪

一

「飛ぶ鳥の」飛鳥の正体は三輪山だった！

「飛鳥」をなぜ「あすか」と読むのか

歴史に多少でも関心を持っている人で、「飛鳥」に興味を感じない人はいない。それほど「飛鳥」は日本古代史の謎の地である。

この辺一帯は蘇我《そが》氏の支配していた地域で、日本最古の仏像と見られる大仏が安置されている飛鳥寺《あすかでら》、聖徳太子《しょうとくたいし》が生まれたとされる橘寺《たちばなでら》、蘇我馬子《うまこ》の墓とも見られる石舞台古墳、そして近年保存問題で揺れている高松塚《たかまつづか》古墳等、古代史のロマンあふれる里として多くの人々を集めている。

ところが、この「飛鳥」をなぜ「あすか」と読むのかについては誰も十分な説明をしていない。はたして真相はどうなのか。

解明のためには、まず地名についての基本をおさえておく必要がある。それは「漢字を見て意味が通じなかったら、その漢字は単なる当て字だと考える」という原則である。

例えば「大阪(大坂)」「京都」ならその意味は理解できるが、「奈良」となったら意味がわからない。その場合は「奈良」は単なる当て字だと考えるということである。

読者の苗字についても同様だ。日本人の苗字の八〇パーセントは地名から生まれている。「小林」「田中」「小川」なら理解できるが、「大久保」となるとわからない。これは、「大久保」の「久保」は単なる当て字で、もともとは「窪」だったのだが、「窪」はイメージが悪いので「久保」に変えたにすぎない。地名の場合も同じで、イメージの悪い漢字は佳《よ》い漢字に変えるという政策は奈良時代にすでに行われている。

そういう予備知識を持って「明日香」「飛鳥」を見ると、やはり漢字に惑わされてはならないことがわかる。どう考えても「明日香」は意味不明である。

もともとこの地名は「アスカ」であって、『万葉集』等に書かれている「明日香」は単なる当て字である。漢字が輸入される以前からあった地名であって、それにルビをつけたにすぎない。

ところで、この「アスカ」の由来はどうかというと、決して決め手があるわけではないが、今のところ二つの可能性が高い。一つは「アズ」（崩崖）の「カ」（処）説、もう一つは「ア」（接頭語）「スカ」（須賀）説である。前者は「崖が崩れたところ」といった意味、後者は「砂洲」を意味している。この地には古来「飛鳥川」が流れており、その川によって形成された地形から、「アスカ」はつけられたと考えていいだろう。ここまでが最初のステップ。

その秘密は「万葉集」にあった

さて、問題はこの次である。「明日香」は単なる当て字だとわかったとしても、「飛鳥」はどうなのか。これは意味がわかるような気がするからだ。少なくとも「飛ぶ鳥」に関係しているように思える。

この問題についてはこれまでも多くの議論がなされてきている。それらの共通項になっているのは、「明日香」にかかる枕詞が「飛ぶ鳥の」であったことに由来するという考えである。

言い換えれば、「飛ぶ鳥の明日香」といってきたから「アスカ」は「飛鳥」になったのだということである。何だかわかったようでわからない説明である。

前著『大阪「駅名」の謎』(祥伝社黄金文庫)では、「日下」をなぜ「くさか」と読むようになったかについて「日下の草香《ひのした》」から「日下」を「くさか」と読むようになったという説明をした。同じ理屈で「長谷の初瀬《ながたにのはつせ》」から「長谷」を「はせ」と読むようになり、「春日の滓鹿《はるひのかすが》」から「春日」を「かすが」と読むようになったという話である。「長谷」に関しては本書の「長谷寺」で解説しているので、参照願いたい(135ページ)。

万葉集には「飛ぶ鳥の明日香」と詠んだ歌は四首あるが、次はその一つ。

飛ぶ鳥の明日香の里を置きていなば
　君が邊《あたり》は見えずかもあらむ　(万葉集　巻一‐七八)

この明日香の里を去ってしまうと、君のいるあたりが見えなくなってしまう、という思いを詠んだものである。

「枕詞」とはそもそもどんなものなのか。辞典には「昔の歌文に見られる修辞法の一。特に和歌などで、特定の語句に冠して、修飾しあるいは句調を整える語句をいう」（『大辞林』）とある。確かにこのとおりだが、これだけでは地名の謎は解けない。

そこで、もう一歩踏み込んで考えてみよう。「飛ぶ鳥の」が「アスカ」にかかる枕詞だとすれば、なぜこのような修飾語をつける必要があったのか。

それは、「アスカ」が複数あったからにほかならない。つまり、「アスカ」は複数あって、この地にある「明日香」の特色をつけるために「飛ぶ鳥の」という枕詞をつけたと考えるのである。

冒頭に書いたように、「アスカ」はどこにでもありうる地名である。複数ある「アスカ」のうち、この「アスカ」にだけは「飛ぶ鳥の」という枕詞をつけて差別化したのである。

同じことは「あおによし」という「奈良」につけられる枕詞に関してもいうことができる。「あおによし」は「青と丹《に》の美しい」という意味だが、たくさんある「奈良」

の中から、わざわざ「あおによし」という枕詞をつけて都としての「奈良」を詠んだのである。

ちなみに、「奈良」という地名は「平す《ならす》」「均す《ならす》」という言葉から生まれた地名で、全国どこにでもあるが、特に中部地方に多い地名である。多くは山の中にあり、その意味でも「都」の「奈良」には何らかの枕詞が必要だったということになる（本書124ページ参照）。

『古事記』にはすでに「飛鳥」にも「近つ飛鳥」と「遠つ飛鳥」の二つあることが示唆されている。「遠つ飛鳥」とは奈良の「飛鳥」のこと。「近つ飛鳥」とは大阪の羽曳《はびき》野《の》市・太子《たいし》町一帯にある「飛鳥」である。駅名でいえば、近鉄南大阪線の「上ノ太子《かみのたいし》駅」周辺である。何を基準に「遠近」をつけたかというと、難波からの距離であった。だから、河内の飛鳥が近く、大和の飛鳥が遠かったのである。

いわば、いくつかある「アスカ」について、それらを識別するために枕詞をつけたものと考えることができる。

三輪山の山容から

さて、最大の難問は、それにしてもこの「アスカ」の場合、なぜ「飛ぶ鳥の」という枕詞がついたかということである。これには古くは本居宣長《もとおりのりなが》の説から、それに対する説など多くの説が唱えられてきた。

それらの背景にあるのは、やはり何らかの「鳥」がこの地にいたという類の話である。宣長の説も浄御原宮《きよみはらのみや》の楼門に赤鳥（瑞鳥）が現れたという説であり、その他はこの地にいた鳥にちなむという説になっている。

実際、法隆寺《ほうりゅうじ》のある「斑鳩《いかるが》」の由来が「イカル」という鳥によるものであることはすでに明らかになっている（拙著『地名は語る』祥伝社黄金文庫、参照）。それを考えると、この飛鳥の場合も何らかの「鳥」にちなむものかと漠然と考えていた。

ところが、『三輪山と日本古代史』（学生社）という本で、三輪山の山容に由来する

これが飛鳥の正体だ！　正面に三輪山、左に龍王山、
右に巻向山

のではという説に触れ、大きな衝撃を受けた。そこには飛鳥の地から三輪山を眺めたとき、三輪山を頭部に、龍王山《りゅうおうざん》・巻向山《まきむくやま》を両翼としていっぱいに翼を広げて天翔《あまが》けて来る大鳥を見た、という話が紹介されていた。

確かにありそうな話だと考え、早速、飛鳥の里をタクシーで走ってみた。運転手さんに「どこか三輪山が見える場所に行ってくれないか」と言うと、聖徳太子の生まれたとされる橘寺の近くを通った。橘寺はやや小高い場所にあり、そこから三輪山を見ると、まさに大きな鳥がこちらに向かって飛んでくるような光景が目に飛び込んできた。

「これはすごい!」私は思わず目を見張った。ちょうど真ん中に三輪山が座り、両翼に龍王山と巻向山が大きな翼を広げている。

かつて、山形県の白鷹町《しらたかまち》の調査に行ったときのことを思い出していた。白鷹町も町から見える白鷹山の山容から「白鷹」の町名がつけられたのであった。

読者も、一度この光景をご覧になったら、この説の信憑性《しんぴょう》が高いことを理解していただけるに違いない。現在でこそ、さまざまな建物が並んでいる地域だが、千数百年も前は、山しかなかったはずである。その状況で毎日この鳥の姿を見ていたら、

「飛ぶ鳥の明日香」と呼ぶことになったとしても何ら不自然ではない。

人によっては、向こうに飛んでいく姿に見えるという人もいるが、真ん中の胴に当たる部分が手前に見えているところを考えると、やはりこちらに飛んでくる姿である。しかも、小鳥ではなく鷹や鷲のような大きな鳥であることに間違いはない。

「鳴る滝」探す!

本書は駅名の謎を解き明かすことを目的にしたものだが、すべて自分の足で歩くことで解明しようとした。これは私自身の強いこだわりである。京都には年間何千万の観光客が訪れ、知られていない場所なぞないように思えるのだが、駅名から探っていくと、まだまだ未知の京都を発見することができる。その例を一つ紹介しよう。

京福嵐山線の「帷子ノ辻《かたびらのつじ》駅」から「北野白梅町《きたのはくばいちょう》駅」までつながっている線が「北野線」である。沿線には仁和寺《にんなじ》、妙心寺《みょうしんじ》、龍安寺《りょうあんじ》、等持院《とうじいん》などの名刹が並んでいる。その北野線の帷子ノ辻駅から数えて三つ目の駅が「鳴滝《なるたき》駅」である。ここには「鳴滝」という滝があるということで、以前からいちどは見てみたいと思っていた。実はここには、滝が鳴ったという伝承が残されている。それはこんな話である。

その昔、この里は長尾の里と呼ばれていた。ある日の午後、静かなこの里に異様な音が響いてきた。いつもは静かな山里なのに、なぜか山麓《さんろく》にある滝がゴウゴウと鳴っているのである。「どうしてかわからぬが、何か不吉な予感がしてならん」と老僧が言うのを聞いて、村人たちは村はずれの寺に避難した。するとその夜のこと、大洪水が村を襲い、田畑はもちろん家も小屋も残らず押し流してしまった。村人たちは、あのゴウゴウと鳴った滝のお陰で助かったことに感謝し、それ以来この村を〝鳴滝の長尾〟と呼んだという。

この滝を発見する私の旅が始まった。駅の周辺は高級な住宅地で、滝などあるよう

駅名の由来となった伝説の滝は実在した

にはまったく見えない。近くの人に聞いたら、確かにあるが、とても説明できないので坂を上っていって、聞いてくれということになった。しかし、その先は誰に聞いてもわからない。少し行くと大きな通りに出たので、かろうじてタクシーを拾い、聞いてみたのだが、そんな滝は聞いたこともないという。

仕方がないので、タクシーを走らせながら、町の人に聞いてみても、誰も知らない。運転手さんともう諦めようかと話していたところ、地元のことに詳しいおじさんに会い、およその道を教えてもらった。

ポストの近くだというので、またまた探したところ、ようやく橋の下にある鳴滝を発見！これは感動だった。とにかく諦めずに探してよかった。写真でご覧いただけるように、それなりの滝である。

近くに了徳寺《りょうとくじ》というお寺があり、そこに〝大根焚き《だいこだき》〟という一風変わった行事が伝えられていることを知った。

鎌倉時代のこと、法然《ほうねん》の弟子の住蓮坊《じゅうれんぼう》と安楽坊《あんらくぼう》の二人が念仏道場を開いたところ、後鳥羽《ごとば》上皇の官女の松虫・鈴虫両姫が感化されて出家してしまうといった事件が起こった。二人の僧は処刑され、法然は土佐へ、親鸞《しんらん》は越後へと流された。建永二年

(一二〇七)のことであった。親鸞が京都に帰ってきたのは二八年後、すでに六二歳になっていたが、鳴滝の里の知人宅に寄ったとき、村人はたいそう喜んで畑にあった大根を抜いてきて鍋で炊いたという。貧しい食事だが、親鸞は大いに喜び感謝したという話である。それ以降、この了徳寺では毎年一二月九日一〇日の両日、大根焚き法要を行うことになったという。心温まる話である。

本書は、このように実際に足を運んで取材し、駅名の謎を深く解き明かそうとしたものです。好きなところから好きなようにお読みください。新しい発見があったらとても嬉しいです。

二

歴史を感じさせる京都の駅名

1 東寺（とうじ） 平安仏教の真髄を見る

近鉄京都線「東寺駅」

京都駅から近鉄京都線に乗って一つ目の駅が「東寺駅」である。小さな駅を降りて右にしばらく歩くともう東寺である。目につくのは五重塔だが、高さが約五五メートルもあって、現存する塔のうちでは我が国最高の高さを誇っている。京都の街の中でも最も目立つ五重塔である。

昔、仏教をかじり始めた頃、京都では広隆寺《こうりゅうじ》、東寺、永観堂《えいかんどう》の三つを見れば、平安仏教がわかると教えられたことがある。広隆寺の弥勒菩薩は平安遷都以前の飛鳥時代の仏教を伝えている。東寺は平安密教の真髄を語っている。永観堂は、平安末期の浄土の考え方を示している、と教えられた。四〇〇年に及ぶ平安仏教は、なるほどこの三つによく現れている。その中でも真言密教の一大修行道場として鳴らしてきた東寺は、その平安仏教の基礎をなしたものとして必見のお寺である。

歴史の教科書でも、空海《くうかい》と最澄《さいちょう》は必ず覚えさせられる人物名である。が、ほぼ同時代を生きた二人がどのような関係にあったかを理解するのは難しい。受験生の頃、空海と最澄の名前は覚えたものの、どちらが比叡山《ひえいざん》で高野山《こうやさん》なのか、どちらが延暦《えんりゃく》寺《じ》で金剛峰寺《こんごうぶじ》なのか、戸惑った人も多いはずである。

それもそのはずで、二人は生まれた年代もほぼ同じで、次のようになっている。

最澄（七六七～八二二）

空海（七七四～八三五）

最澄のほうが七つ年上だが、遣唐使に従って入唐したのも同じ延暦二三年（八〇四）であった。最澄は一年後に帰朝し、空海は二年後に帰朝している。二人は同じく密教を日本に伝えたというところまで同じである。

二人は交流した時期もあったが、宗教観の違いから決別し、空海は高野山によって真言宗を開き、最澄は比叡山によって天台宗を開いた。

この東寺は平安遷都の約三〇年後の弘仁一四年（八二三）、嵯峨《さが》天皇が弘法大師空海に下賜した寺で、それ以降空海の伝えた密教の根本道場となった。東寺は密教美術の宝庫といわれる。国宝が二〇件、重要文化財が四五件、寺宝の点数は二万三〇〇〇点に上るといわれている。

圧巻は講堂に安置された二一体の仏像である。東寺は法人としての公称は「教王《きょうおう》護国寺《ごこくじ》」とされ、平安京を中心にした鎮護国家救世利民の大祈願を奉修するためにこの二一体の仏像を安置したといわれている。

正面に大日如来を中心に計五体、右に菩薩が五体、左に明王が五体安置され、さらに四方を持国天・多聞天・広目天、増長天などの六体の「天」が固めている。計二一体である。これは、生きた立体曼荼羅《まんだら》といわれている。普通曼荼羅とは一枚の絵に描かれるものなのだが、この東寺の二一尊はその曼荼羅を実際の仏像で表現したものといわれている。

二一体のうち、六体は後に修復されたものだが、一五体は平安時代初期密教の秀作である。二一体のうち一五体が国宝、五体が重要文化財に指定されている。これも驚異としか言いようがない。

空海は四国の讃岐国で生まれ、その生誕の地には善通寺《ぜんつうじ》というお寺があるが、それも空海の創建と伝えられる。四国八十八ヵ所めぐりなど、一二〇〇年の時間を超えて、まだ空海弘法大師の教えにすがろうという人々は絶えない。

高さ約55メートルの東寺の五重塔

2 小倉（おぐら）「一口《いもあらい》」で知られる池の名前から

近鉄京都線「小倉駅」

この「小倉」は「こくら」ではなく「おぐら」と読む。これが重要なポイントだ。「小倉」で有名なのは北九州市にある「小倉駅」。こちらはもちろん「こくら」と読み、もともと「小倉」という地名であったことに起因している。

なぜ京都の「小倉」を「おぐら」と読むかを述べる前に、おもしろい事実を紹介しよう。この地には近鉄「小倉駅」のほかにJR奈良線に「JR小倉駅」がある。駅名に「JR」を付した例はないわけではない。「JR難波駅」（大阪市）、「JR五位堂《ごいどう》駅」（奈良県）がそれだ。「JR難波駅」はそぐそばに南海の「難波駅」があるからそう名づけたわけで、「JR五位堂駅」も近くに近鉄「五位堂駅」があるからそれと区別するために、「JR」を付したのである。

同じことはこの「JR小倉駅」についても言える。やはり近くに近鉄京都線の「小倉駅」があるからだ。近鉄京都線の「小倉駅」は昭和三年に開業しており、すでに八〇年以上の歴史を有している。それに対して「JR小倉駅」は平成一三年開業で、つい最近のことである。だから、「JR」をつけてすみわけをしたということになる。

ところが、この「JR小倉駅」にはもう一つの事情がある。それは北九州の「小倉駅」とのすみわけである。漢字で書けばいずれも「小倉」で、「こくら」とも読めるし、「おぐら」とも読める。そこで北九州市の「小倉駅」は「こくらえき」と読み、京都の「JR小倉駅」は「じぇいあーるおぐらえき」としたのである。この「じぇいあーるおぐら」という表示は実際に駅の看板に書いてあるのだが、「じぇいあーる」とひらがなで書かれると、かえってわかりにくくなる。

さてここで、「小倉」をなぜ「おぐら」と読むのかを説明することにしよう。現在この地区は京都府宇治《うじ》市になっている。しかし、この小倉地区はもともと「小倉村」であって、昭和二六年、それまでの久世《くせ》郡宇治町、槇島《まきしま》村、小倉村、大久保《おおくぼ》村、宇治郡東宇治町の二町三村が町村合併したことによって宇治市になっている。

ところがこの「小倉村」はそれより前は「小椋《おぐら》村」であった。その「小椋」という名前はどこからきたかというと、この辺一帯が広大な「小椋池」だったことによっている。

つまり、「小倉駅」の「小倉」のもとは「小椋」だったということである。小椋池の範囲は広大で、東はこの小倉地区から西は京阪線の「淀《よど》駅」一帯にわたっていた。京都から流れてくる桂川、宇治の合戦で知られる宇治川、さらに奈良県の県境沿いに流れてくる木津川の合流地点に位置し、昔はこの池を利用して漁業と農業と水運の要所とされてきたところである。現在この地域の大半は隣の久御山町《くみやまちょう》に属しているが、昭和一六年に干拓されて水田化されるまでは、洪水によって苦しめられた地域であった。

この小椋池のほぼ中央の地点に「一口《いもあらい》」という集落があった。この「一口」は全国的にも難読中の難読といわれてきた地名である。「一口」と書いて「いもあらい」と読む。「一口」がどうして「いもあらい」になるのか、誰も満足する解答を出していない。

私は平成一四年に出した『京都　地名の由来を歩く』(ベスト新書) に書いて以来、何度かこの「一口」に言及してきた。

何度か現地に足を運んで聞き取りをしてみたが、十分なことはわからない。ところが、この「一口」の謎を解く鍵を東京で発見した。

東京には「いもあらい」と呼ばれる坂が三つ確認されている。まず六本木の裏手に「芋洗坂」がある。そして靖国神社の裏側に「一口坂」、JR「御茶ノ水駅」の東側に「一口坂」がある。そのうち、最後の御茶ノ水駅の東側にある坂は現在「淡路坂」と呼ばれているが、昔は「一口坂」と呼ばれていた。実はこの淡路坂に秘密が隠されていた。

この坂の上に昔「太田稲荷」があり、「一口稲荷」と呼ばれていたことはわかっていた。そして、偶然のことだが、この稲荷神社が近くに見つかったのだ。

太田稲荷神社の起源は遠く平安時代の小野篁《おののたかむら》にさかのぼるという。小野篁が隠岐に流罪となって船を出したところ、嵐にあった。そのとき太田姫命《みこと》が現れて「君はたぐいまれな人物なのだから、必ず帰ってくるであろう。しかし、疱瘡《ほうそう》（天然痘）を病めば一命が危ない。わが像を常に祀《まつ》っていれば避けられるだろう」と言って消えたという。

そこで小野篁は京都の一口の里に神社をつくって祀ったのだという。その後、江戸を開いた太田道灌《おおたどうかん》の最愛の姫が重い疱瘡にかかったとき、道灌は京都の一口稲荷神社のことを聞き、江戸に勧請したというのである。この辺の事情は前著『地名は語る』で書いたので参照願いたい。

地元の古老に聞くと確かにそれらしい神社はあるという。集落の裏側に、それこそ小さな稲荷神社を発見！　ここが小野篁が祀ったという神社だった。

「一口《いもあらい》」の「いも」は「いもがさ」のことで、「痘瘡」「疱瘡」と書いていたが、「疱瘡」「天然痘」の古称である。「あらい」は「祓《はら》い」の意味なので、「疱瘡の災いを祓う」という意味になるのだが、それをなぜ「一口」という漢字で表現したかはまだ解明できていない。

ついに発見した稲荷神社

コラム1

京都駅からプラットホームが消えた？

いかにも、京都を舞台にしたミステリードラマのようである。京都駅には不思議な謎がつまっている。

京都駅には「0番のりば」から「34番のりば」まである。常識的には合計三五本ののりばがあるはずである。

ところが、京都駅には東京駅をはるかに凌《しの》ぐ「34番のりば」（日本一大きい数のホーム番号。東京駅は23）まであるにもかかわらず、実際ののりばは一八本しかない。

これはどういうことなのか。その謎を解いてみよう。

京都駅のホームの使用状況は次のようになっている。

0〜10番のりば……在来線使用（北陸本線・琵琶湖線・京都線・奈良線等）
11〜14番のりば……新幹線使用
30〜34番のりば……在来線仕様（関西空港線・山陰本線）

まず注意してほしいのは、京都駅には「1番のりば」というのがないということである。さらに見てわかるように、15〜29番のりばがない。山陰ホームが20番台を使わずに、30番台を使用したのは、「山陰」にひっかけたということだ。これはこれで粋である。

おまけに、34番のりばは降車専用なので、乗車できるのりばは都合、一八本という計算になる。

もう一つおもしろい話がある。京都駅の正面（烏丸中央口）の改札口から入ると、0番線ののりばに出る。駅で0番のりばというのもおもしろいのだが、このホームには隠された秘密がある。

この0番のりばは北陸方面への特急「サンダーバード号」や「雷鳥号」などが、向かって左方面に発車するホームとなっている。ところが、このホーム、右に向かっていくと途中から30番・31番のりばに名前が変わる。30番のりばからは関西国際空港行、31番のりばからは山陰方面への列車が発車している。

そのためか、この三つの名前を持ったプラットホームは、全長五五八メートルにもなっている。全国一長いホームで、長さ二〇メートルの電車を連結すると約二八両連結の電車が停車できる計算になる。

3 中書島《ちゅうしょじま》 〝中務はん〟から〝中書はん〟へ

京阪本線「中書島駅」

不思議な駅名である。「中書島《ちゅうしょじま》」っていったい何だろう。誰もが一度は不思議に思う駅名だ。京阪の中でも、この駅は宇治線への乗り換え駅でもあり、また伏見《ふしみ》地区への入り口としても重要な機能を果たしている。その駅が「中書島駅」である。

早速、駅に行って聞いてみたが、昔何とかさんという方が住んでいたらしいということはわかったものの、その由来について確たるものはつかめなかった。さんざん調べてみたところ、『京・伏見　歴史の旅』（山川出版社）という本に、次の記述を発見。

「豊太閤《ほうたいこう》時代の伏見地図を開くと今の西柳町・東柳町のところに『脇坂中務《わきさかなかつかさ》、同下屋敷』と書かれており、土地の人びとは脇坂中務小輔《しょうゆう》のことを中国風に〝中書《ちゅうしょ》はん〟と俗称するようになった」

この文章を読み解いてみよう。「中務」という言葉だが、これは「中務省《なかつかさしょう》」を意味している。「中務省」は令制の八省の一つで、天皇への近侍、勅命の起草、外部への伝達、国史の編纂《へんさん》や監修などが主な職掌であった。今でいえば総務省に当たると言っていい。「少輔」は単に「しょう」とも読み、八省の次官の地位を意味していた。令制では、諸官庁の幹部はすべて四つの等級に分かれており、これを「四等官」と呼んだ。それは次のようなものだった。

長官《かみ》　次官《すけ》　判官《じょう》　主典《さかん》

この四等級は、官庁によって漢字は異なっていても、「音」は同じというシステムになっていた。したがって、八省の官職は以下のようになっていたが、読み方はすべて「かみ」「すけ」「じょう」「さかん」であった。

卿　輔　丞　録

脇坂氏が住んだのは文禄年間（一五九二〜一五九六）であったので、ちょうど秀吉《ひでよし》の天下統一（一五九〇年）の後に当たり、秀吉の絶頂期であった。秀吉が伏見《ふしみ》城を造ることを決めたのは文禄三年（一五九四）だといわれるので、天皇側近の業務として脇坂氏を登用したのかもしれない。

さて、この「中務省」の役人がなぜ、「中書」になるのだろうか。これにはそれなりの根拠があった。

「官位唐名異称」という資料がある。それは古代の官位が唐名でどのように呼ばれていたかをまとめたものである。それを見ると、次のようになっている。

中務省→中書省

中務大輔→中書監

中務大（小）輔→中書大（小）卿

中務輔→中書舎人・中書侍郎

これを見てわかるように、「中務」という言葉は、中国では「中書」と呼んでいたことがわかる。

そこで、本来は「中務はん」なのだが、世間では親しみをもって「中書はん」と呼ぶことになり、その脇坂氏が住んだということで「中書島」という地名が生まれたというわけである。それなりに根拠があったことがわかった。

先に紹介した『京・伏見　歴史の旅』では、現在も上京区の出水《でみず》あたりに「中書島」という町名があり、それも脇坂氏の屋敷があったことに由来すると書いている。

龍馬が襲撃された寺田屋

酒などの物資を運んだ宇治川流域の風景

中書島の駅を降りると、すぐ目の前に細い道が延びているが、この辺一帯は昔花街だったところで、今もよくみると、その面影を感じさせるところもある。

少し足を延ばすと坂本龍馬《さかもとりょうま》が身を寄せた寺田屋があり、襲われたときの刀傷などが残されているが、最近の研究で再建であることが判明した。

「中書島駅」から「伏見桃山駅」あたりが、伏見の歴史のおもしろいところだが、「伏見」そのものの由来については次の項目で紹介しよう。

4 伏見桃山（ふしみももやま） 伏し水の湧く里

京阪本線「伏見桃山駅」

「中書島駅」から次の「伏見桃山駅」までの京阪本線で囲まれるように広がる地域が伏見の中心地域である。それに対して京阪本線・近鉄線の東側に連なる丘陵地に広がる地域が桃山地域である。

まずは「桃山」という地名について述べておこう。歴史の教科書でよく知られているように、織田信長《おだのぶなが》・豊臣秀吉《とよとみ》が政権を掌握していた時代を「安土桃山時代《あづち》」と呼んでいる。信長の入京（一五六八年）から秀吉の死（一五九八年）もしくは関が原の戦い（一六〇〇年）までのおよそ三〇年間である。「安土」というのはもちろん信長が「安土城」をつくったことによるものだが、「桃山」というのは秀吉が造営した「伏見城」に起因する。秀吉はここに伏見城を造営し、大坂城とともに二大拠点としようとしたのだが、この伏見城は後に「桃山城」と呼ばれることになる。

その理由はいたって単純で、豊臣家が滅亡した後、伏見城は元和九年（一六二三）に廃城となり、その跡に桃の木が植えられ、以降「桃山」見物の名所になったことから「桃山城」と呼ばれることになったという。

さて、目を伏見に転じてみよう。この「伏見」という地名は京都でもとても重要な位置を示している。京都市の最南端に位置し、最も大きな行政区でもある。伏見区は山科《やましな》川の下流に当たる醍醐《だいご》地区、ここに紹介する桃山丘陵の西側に広がる伏見の中心部、桂川・宇治川・木津川の合流地点である淀区の三つに分かれている。

伏見の中心部の最大の産業といえば、酒であろう。「黄桜」「月桂冠」「松竹梅」といえば日本人なら知らぬ者はいないとさえいわれる銘酒である。

日本に酒造りの技術をもたらしたのは、五世紀に渡来した秦氏《はた》であるといわれている。秦氏は太秦《うずまさ》で織物業を広げるとともに、この伏見で酒の醸造に携わったといわれる。平安京が造営されると、大内裏に朝廷の酒を造る造酒司《みきのつかさ》が設けられ、その実務に携わったのが伏見の技術集団であった。

酒の話をなぜ書いたのかというと、このことが「伏見」の地名の由来に深くかかわっているからである。

「伏見」に関しては、従来大きくわけると二つの説があった。一つは「伏し見」説であり、桃山丘陵地から平地や小椋池を「伏して見る」、つまり「上からうつむき加減に見る」といった言葉によるという説である。それに対して、「伏し水」つまり「伏流水」に由来するという説である。

今回さらに調べてみて、「伏し水」説の信憑性が高いことを確信した。伏見には「伏見名水めぐり」として、次の一〇個が指定されている。

清和《せいわ》の井　板橋白菊《いたばししらぎく》の井戸《いど》　金運清水《きんうんしみず》　伏水《ふしみず》　閼伽水《あかすい》　不二の水
常盤井水《ときわいのみず》　御香水《ごこうすい》　白菊水《しらぎくすい》　さかみづ

訪れる人が絶えない御香水

この中で最も有名なのは御香宮の社殿の前にある「御香水」で、いつ行っても名水を求める人々が列をなしている。今回注目したのは、文字通り「伏水」と呼ばれる名水である。これは黄桜酒造本店蔵内にあるものだが、酒造業に使っている水をわざわざ「伏水」と呼んでいたところに、「伏見」の地名の由来を解く鍵があった。

言うまでもなく、酒を造るにはよい水が必要となる。古来、この地は豊かな伏流水に恵まれており、その水を利用して酒造りを始めたものと思われる。

5 黄檗(おうばく) インゲン豆をもたらした禅宗の寺から

京阪宇治線「黄檗駅」 JR奈良線「黄檗駅」

このちょっと変わった駅名は、JR・京阪の「黄檗駅」の近くにある「黄檗山萬福《まんぷく》寺《じ》」の名前によっている。我が国で禅宗といえば、道元《どうげん》が開いた曹洞宗《そうとうしゅう》、栄西《えいさい》が伝えた臨済宗《りんざいしゅう》が有名だが、江戸時代に入って明の僧「隠元《いんげん》」が開いたのがこの黄檗宗である。

黄檗宗の特徴は、鎌倉以降の多くの仏教が日本人の手によって開基されたのに対して、明の禅僧の隠元がわざわざ日本にやってきてこの宗派を広げたところにある。隠元（一五九二〜一六七三）の正式な名前は「隠元隆琦《いんげんりゅうき》」といって、一五九二年中国福建省の生まれ。諸方遍歴した後、福建省の黄檗宗萬福寺の住持となった。承応三年（一六五四）将軍徳川家綱《とくがわいえつな》に謁見し、それがきっかけで幕府から宇治に土地を与えられ、寛文元年（一六六一）に明と同じ名前の「黄檗宗萬福寺」を創建して黄檗宗を開いた。

まず、この「黄檗」というのは何なのか、解明してみよう。「黄檗」は訓読みにすると「黄檗《きはだ》」となる。読者も「キハダ色」といえば聞いたことがあるであろう。これは「キハダの樹皮で染めた色」のことで、言うまでもなく「黄色」である。「キハダ」というのはミカン科の落葉高木で、コルク状の皮を剝《は》がし、黄色の中皮を薬剤として苦みの強い健胃薬や染料を作る。この樹木が福建省の萬福寺にもあったそうで、その樹木はそのまま宇治の萬福寺にも植えられている。

萬福寺でまず目につくのは、明の影響である。まず入り口にある総門がいかにも中国的である。そして天王殿の正面に鎮座している弥勒菩薩坐像である。これは弥勒菩薩ということになっているが、いわゆる布袋《ほてい》様である。大きなお腹を突き出して笑っている金色の像である。正面に布袋様が座っているというお寺は他にまだ私は見たことがない。

布袋とは中国唐末に実在した高僧で、肥えたお腹を出して、大きな袋を背負って町中を歩き、苦しむ人々を救ったり天候をうらなったりした僧のことである。弥勒菩薩の化身ともいわれたという。

というわけで、禅宗という厳しさが求められる宗派にもかかわらず、ユーモアもあり、現実生活にもコミットした活動を行っていることも特徴になっている。

隠元が中国からもたらしたものとしては、かのインゲン豆のほかに、孟宗竹、西瓜、蓮根などがあるが、今日の日本人の食生活に欠かせないものになっている。

臨済宗の栄西は日本にお茶を伝えたことで知られるが、黄檗宗の僧たちは「普茶《ふちゃ》料理」を広めた。これは中国風の精進料理で、普《あま》く大衆に茶を施すという意味での禅門の用語が、普茶の意味だという。四人で一卓を囲み、それを仲良く取り分けていただくことが黄檗普茶料理の真髄なのだそうだ。

行事の刻限を知らせる開梆《かいぱん》

得度式《とくどしき》を終えての礼拝

隠元が黄檗宗萬福寺を開山したのは六九歳のときだったが、その後祖国に帰ることなく寛文一三年（一六七三）日本で他界している。

今回訪れたとき、あたかも全国からくる修行の若者たちの得度式が行われていた。得度するために何週間か修行を行うのだという。中に数名の若い女性も含まれていたことに新鮮な驚きがあった。

6 穴太（あのお） 穴太衆の石積みで知られる

京阪石山坂本線「穴太駅」

京阪石山坂本線は「石山寺駅」から比叡山への上り口にある「坂本駅」を結ぶ情緒ある電車である。時折琵琶湖を見渡すことができ、歴史情緒もたっぷり楽しむことができる。石山寺や三井《みい》寺など全国に名をとどろかせているお寺も連なっている。

坂本駅の二つ手前に、この「穴太駅」はある。駅舎もない無人駅だが、そこがまた情緒をかもし出している。

この「穴太駅」と類似した駅が全国に二つある。一つは三重県の三岐鉄道北勢線の「穴太駅」。これは漢字では同じだが「あのう」と読む。もう一つは福岡県の筑豊電気鉄道の「穴生駅」で、こちらは「あのお」と同じ発音だ。

この「穴太」という地名はどこに由来するのか。記紀によると、景行《けいこう》天皇・成務《せいむ》天皇・仲哀《ちゅうあい》天皇の三代が営んだという「高穴穂宮《たかあなほのみや》」があったとされている。『日本書紀』には、景行天皇五八年の春二月に、「近江国《あふみのくに》に幸《いでま》して、志賀《しが》に居《ま》しますこと三歳《みとせ》。是《これ》を高穴穂宮《たかあなほのみや》と謂《まう》す」とある。そして、景行天皇は六〇年一一月にはこの高穴穂宮で一〇六歳で亡くなったとされる。

天皇即位六〇年にして一〇六歳で亡くなったということ自体に無理があり、どうも三代にわたってこの地に都を置いたというのは、にわかに信じがたいことから、どうみても史実とも思えないというのが一般的な見解である。

駅から二〇〇メートルほど下ったところに高穴穂神社が鎮座している。そこが高穴穂宮の跡ではないかといわれている。

それよりも、この「穴太」を歴史的に有名にしたのは、穴太の黒鍬《くろくわ》である。黒鍬とは、戦国時代築城や道路づくりに携わった人夫を指す言葉だが、この地には「穴太衆」という高度な石積みの技術を持った人々が、多いときは三〇〇名以上もいたそうで、その石工たちによってつくられた石積みがあちこちに残っている。信長が安土城を築いたとき、その石垣をつくったのは穴太衆であったし、また坂本地区には今も見事な石垣が残されている。

〝穴太積み〟と呼ばれた石積みの技術は江戸時代にも引き継がれ、幕府は石垣普請の専門職集団として、「穴太頭」という職制まで設置したとされる。

穴太地区にはそれほどの石垣は残されていなかったので、坂本駅まで足を延ばした。さすがに駅から日吉大社に向けて積み上げられている石垣は見事である。これは一見の価値あり。

坂本地区に残されている〝穴太積み〟

7 一乗寺（いちじょうじ）　宮本武蔵　決闘の地

叡山《えいざん》電鉄「一乗寺駅」

宮本武蔵《みやもとむさし》（一五八四〜一六四五）はやはり希代の英雄である。生国こそ美作《みまさか》・播磨《はりま》など諸説に分かれているが、一三〜二九歳の間、六〇度余の戦いに一度も負けなかったというだけですごいことだと感じ入ってしまう。現代でも武蔵の『五輪書』は多くの人々に読まれ続け、日本人の大きな励ましになっている。

当時は他流試合はごく普通に行われ、仮に真剣勝負ともなれば、敗北イコール死を意味するわけで、それを考えただけで武蔵の偉大さが伝わってくる。武蔵の若い頃の生き方については吉川英治《よしかわえいじ》の『宮本武蔵』によってほとんど一般化されている。小説なので、真実かどうかはわからないものの、京都の名門吉岡道場の門を叩き、吉岡清十郎とその弟の伝七郎を破り、そのために吉岡道場の門弟数十名と戦ったという地がここである。

駅を降りて東山方面に数分も歩くと白川通りに出るが、それを突っ切ってさらに坂道を登ると、そこに「宮本 吉岡　決闘之地」なる石碑が建っている。そこに松の木が植えられているが、それは小説によると「一乗寺下《さが》り松」の地ということになっており、それにちなんで植えたものである。

ここにはかつて天台宗の一乗寺という寺があったが、南北朝の動乱以降に衰えて廃寺となったといわれている。

吉川英治の『宮本武蔵』では、敵陣に一人乗り込む武蔵を次のように描いている。

『一乗寺下り松の辻は近い。その一筋の道を眼で辿《たど》ってゆくと、およそ二町ほど先のところで、他の二筋の道と結び合っている。乳色の霧の微粒が静かにうごいてゆく空に、傘枝を高くひろげた目印の松が、もう武蔵の目にも見えた。時は早朝、松の根元には一〇名あまりが霧の下にじっと槍を立てている。武蔵はじりじりと岩の間をよじ登っていた。すると、石垣の上に神社らしきものが目に入った。見ると「八大神社」とある。御手洗の水で口をすすぎ、刀にきりを吹きかけ、拝殿の鰐口《わにぐち》へ手をかけようとした。

そこで、武蔵は我に返る。侍の味方は他力ではない。死こそ常々の味方である。いつでもすずやかに、きれいに潔く死ねると思っていたのに、神仏に頼るとはなんとしたことか、と悔い、その足で下り松目指して駆け下り、吉岡一門との戦闘が開始された』

決闘の碑からさらに登っていくと、右手に「八大神社」がある。境内《けいだい》に入ると、中村錦之助（後に萬屋錦之助）主演の映画のシーンが何枚も大きく掲げられている。さらに、武蔵が祈願したという松の木まで奉納されており、演出は万全である。すぐ近くには詩仙堂《しせんどう》や曼殊院《まんしゅいん》もあって、女性の観光客も多い。

下り松決闘の碑

8 貴船口（きぶねぐち）「気」が立ち上る神社から

叡山電鉄鞍馬線「貴船口駅」

叡山電鉄鞍馬《くらま》線に乗っていくと次第に山の中に入っていき、京都精華大学から先に行くと、これが京都かと思えるほどの山の中を電車は情緒豊かに登っていく。終点は「鞍馬駅」で小さいながらも風情のある駅になっている。この駅からすぐ鞍馬山に登ることができる。ロープウエイで山の中腹に上ると、そこはまったくの別世界。鞍馬山はやはり信仰の山なのだが、特別の宗派ではなく、「尊天」という「宇宙の大霊であり、大光明、大活動」なのだそうだ。

この鞍馬山で何より有名なのは、義経《よしつね》の伝説と鞍馬天狗の話である。鞍馬天狗は架空の話だが、ここに天狗と呼ばれる人々がいたことは事実のようで、牛若丸もこのような人々によって武芸の修練を受けたものと思われる。

鞍馬山を越えて貴船神社に降りるというのが一般的なルートだが、相当なルートなので覚悟して登ったほうがいい。健脚向けである。

鞍馬山をやっとの思いで下りて小さな川を渡ると、そこはもう貴船神社である。観光向けには川床料理の店が連なっていることで知られており、夏の暑さも忘れて時を過ごすことができる。

貴船神社は古くから雨乞いの神として知られ、平安京の水の源のような位置にある。「貴船」は古くは「気生嶺（根）」「木生嶺（根）」「黄船」「貴布禰」「木船」などと書かれていたが、明治四年の太政官通達を以《も》って、「貴船神社」に裁定したという。『貴船神社要誌』にはこう書いてある。

「キフネは、万物のエネルギー〈気〉が生ずる根本『気生根』であり、その御神気に触れるだけで元気がよみがえるといわれている。元気回復すれば運も開かれるということから、古来運気発祥の信仰が盛んで、いろいろな願いごとで人々は参詣している。和泉式部は恋を祈り、平実重は蔵人《くろうど》昇任を祈り、大宮人は賀茂競馬の必勝を祈念し、源義経は源家再興を願って百カ日参籠、徳川家光は疱瘡《ほうそう》平癒を祈願、全快御礼に春日局が代参している」

要するに、人の「気」を刺激し、そのことによって「元気」になったり、「勇気」

をもらったり、「本気」になったりして生きていくことができたら、人間としてそれ以上のことはない。

「貴船口駅」から貴船神社までは延々と三〇分以上も歩くことになる。「貴船口」というから歩いてすぐなのかと思うととんでもないことになるのでご注意。同じ京都とはいっても、ここは別天地である。

最後になってしまったが、重要なことを一つ。駅名は「貴船口《きぶねぐち》」となっているが、肝心の「貴船神社」は「きふねじんじゃ」と濁らないことになっている。鉄道関係者だけでなく、地名研究者でも間違っている人が多い。

9 蚕ノ社（かいこのやしろ） 秦氏が興した養蚕を祀る社

京福嵐山本線「蚕ノ社駅」

嵐山線は懐かしい京都市の路面電車である。多くは専用の線路を走るが、場所によってはー般道を走ることになる。「四条大宮駅」から二〇〇円均一の切符を買って乗り込むと、一〇分程度で「蚕ノ社駅」に着く。駅を降りて三分程度で「蚕の社」に着く。さして大きな神社ではないが、この神社こそ、我が国の養蚕業の始祖といわれる神社である。

この神社は通称「蚕の社」とされているが、正確には「木嶋《このしま》神社」、もっと正式には「木嶋坐天照《このしまにますあまてる》御魂《みたま》神社」という。なぜこの神社が「蚕の社」の異名を持つようになったかの秘密は、この境内にある。

境内に入ってまっすぐ進むと拝殿があり、その後ろに本殿があるが、その本殿の右側に東本殿として「養蚕《こかい》神社」が祀られている。これが正式な「蚕の社」なのだが、この「養蚕神社」の名が一般化して「木嶋神社」全体が「蚕の社」と呼ばれるようになったという次第である。

では、なぜ養蚕神社が「木嶋神社」に祀られているのだろう。木嶋神社の祭神は天之御中主神他四柱で、太陽信仰と深く結びついている。現に天照大神は養蚕を開いたと『日本書紀』にも書かれており、養蚕は太陽の恵みで行われるといった信仰があったらしい。中国では「桑」の木は「扶桑」と呼ばれ、日の昇る海中にある神木であるともいわれ、その意味でも太陽信仰と深い関連があったものと見られる。

太秦から嵯峨野《さがの》一帯は平安遷都以前から渡来人の秦氏が開拓したところであって、秦氏は養蚕業を興し、土木事業などで多くの技術をもたらして、平安京の造営にも大きな貢献をしたとされる。

日本史上、日本の産業としては養蚕業、それに伴う織物業が盛んになったことが特筆されるが、その起源はこの小さな神社にひっそりと伝えられている。

本殿に向かって左手に「元糺《もとただす》の池」がある。今は水が涸《か》れがちだというが、「糺」は「正しくなす」「誤りをなおす」という意味であり、禊《みそぎ》の場所である。そこから、夏の土用の丑の日に、この池に手足を浸すと諸病にかからないという信仰が伝えられている。この信仰は下鴨神社の「足つけ神事」と同じものである。

この蚕の社と下鴨神社は直接間接にかかわりがあったと見られる。下鴨神社の南に広がる「糺の森」は、この蚕の社の池から神が移ったとされている。だから「元糺の池」とする。

その元糺の池の奥に正三角形に組み合わされた三柱《みはしら》鳥居がある。普通、鳥居といえば二本の柱で門の形を作るのだが、この鳥居は三本の柱でできており、全国でも唯一の鳥居だとされる。ぜひ実際に見てほしい鳥居である。

10 太秦広隆寺（うずまさこうりゅうじ）　なぜ「うずまさ」と読むのか

京福嵐山本線「太秦広隆寺駅」　JR嵯峨野線「太秦」

「蚕ノ社」の駅の次が「太秦広隆寺駅」である。蚕の社から歩いても一〇分足らずで広隆寺前の太秦駅に到着する。広隆寺の特徴は、平安京ができる以前からこの地に建てられていたことである。聖徳太子の時代のことだから、平安遷都をさかのぼること、二〇〇年近くにもなる。広隆寺沿革によれば、広隆寺は推古《すいこ》天皇一一年（六〇三）に建立された山城最古の寺であり、四天王寺《してんのうじ》、法隆寺とともに聖徳太子建立の日本七大寺の一つである。古くは蜂岡寺、秦寺、葛野寺、太秦寺などともいわれたが、今日では広隆寺と一般に呼ばれている。

　この地に渡来人の秦氏が住むようになって、その秦氏と聖徳太子は主従関係を結ぶことになった。当寺の秦氏の中心人物「秦河勝《はたのかわかつ》」のもとに太子から贈られた仏像が広隆寺の弥勒菩薩半跏思惟像ではないかといわれている。

さて、この「太秦」という漢字をなぜ「うずまさ」と読むことになったか。これは京都の中でも難問中の難問だが、それにチャレンジしてみよう。

『日本書紀』の雄略《ゆうりやく》天皇の事跡に、太秦に関する地名の由来が書かれている。天皇の家系でいえば、雄略天皇は第二一代天皇となっている。平安遷都を行った桓武《かんむ》天皇が第五〇代であるので、平安よりも相当昔のこと、五世紀後半の時代と推測されている。平安遷都より三〇〇年も前のことである。

当時はまだ都は大和にあり、太秦の近辺はまったくの未開の地であったに違いない。雄略天皇が即位したのは初瀬川沿いの朝倉宮であった。この地は三輪山の南麓に当たり、古代の政治の中心地であった(本書の「長谷寺」を参照)。

日本に養蚕業を普及させたのはこの雄略天皇であった。こんな面白い話がある。ある年の三月のこと、天皇はお后に桑の葉を摘んで養蚕を薦めようとした。天皇は蜾蠃《すがる》に命じて、国内の蚕を集めさせたという。ところが蜾蠃は誤って「幼子」を集めて天皇に献上した。天皇は大笑いして、

「お前が養うように」
と言って、蜾蠃に「少子《ちいさこ》部連《べのむらじ》」という姓を与えたという。

最近でこそ、養蚕業はすたれてしまったが、戦後間もなくの頃まで、群馬県や長野県では農家で蚕を飼っていた。蚕は「お蚕さま」と呼ばれ、とりわけ東日本では重要な産業であった。春に飼う蚕を「春蚕《はるご》」、夏に飼う蚕を「夏蚕《なつご》」とも呼んでいた。「蚕」は「こ」とも読むので、蜾蠃は誤って、幼い「子」を集めてしまったのである。それで「少子部連」という姓を頂戴するなど、昔の人は優雅であったといえる。

　さて、雄略天皇の一五年に次の記述が見える。

「十五年に、秦《はた》の民《たみ》を臣連《おみむらじ》等に分解《あか》ちて、各《おのおの》欲《ねがひ》の随《まにま》に駈使《つかまつ》らしむ。秦造《はたのみやつこ》に委《ゆだ》にしめず。是《これ》に由《よ》りて、秦造酒《はたのみやつこさか》、甚《にへさ》に以《も》て憂《うれへ》として、天皇《すめらみこと》に仕《つか》へまつる。天皇、愛《うつくし》び寵《めぐ》みたまふ。詔《みことのり》して秦の民を聚《と》りて、秦酒公《はたのさけきみ》に賜《たま》ふ。公《きみ》、仍《よ》りて百八十種勝《ももあまりやそのすぐり》を領率《ひき》ゐて、庸調《ちからつき》の絹縑《きぬかとり》を奉献《たてまつ》りて、朝庭《みかど》に充積《つ》む。因《よ》りて姓《かばね》を賜ひて禹豆麻佐《うつまさ》と曰ふ。一《ある》に云《い》はく、禹豆母利麻佐《うつもりまさ》といへるは、皆盈《みなみ》て積《つ》める貌《かたち》なり。

　十六年の秋七月《ふみづき》に、詔《みことのり》して、桑《くは》に宜《よ》き国県《くにあがた》にして桑を殖《う》ゑしむ。又《また》秦の民を散《あか》ちて遷《うつ》して、庸調《ちからつき》を献《たてまつ》らしむ」

簡単にまとめると、こうなる。

秦の一族をそれまで分散していたが、とてもまとまらなかったので、天皇は秦酒公に一族をまとめるよう指示した。秦酒公はばらばらだった秦一族を見事まとめあげ、庸・調として作られた絹や絹織物を奉納すべく、朝廷に積み上げた。これによって、天皇は姓を与えて「禹豆麻佐《うつまさ》」ということになった。

そして、翌年には桑の栽培に適した国・県を選んで栽培させ、また秦一族を分散して移住させ、庸・調を献上させた。

これまでの「太秦」の解明は、この『日本書紀』の記述を紹介しているにとどまっている。

しかし、ここには大きな問題が潜んでいる。これまでの地名研究では、このように朝廷に絹をうずたかく積んだことから「太秦」という地名が生まれたと説かれてきたが、それは誤解を与えてきたといえよう。これまでの解釈だと、うずたかく積んだのは、この太秦の地のように考えられてきたが、実際は異なっており、場所は奈良県の初瀬川沿いの朝倉宮である。しかも、平安遷都の三〇〇年も前のことである。

ここで、ヒントになるのは、先の『日本書紀』の記述の最後で、秦氏を分散させて、庸・調を献上させたと書いていることである。雄略天皇の時代から聖徳太子の時代までは一〇〇年以上も時代的落差があり、その間に秦氏の一族が現在の太秦地域に勢力を張ったものと見られる。

さて、もう一つの難題は「禹豆麻佐」をなぜ「太秦」という表記にしたかである。単純に聖徳太子と秦氏の一字をとって「太秦」としたという説もあるが、あまりにも機械的だ。

「太」という漢字を漢和辞典で見ると、音読みではもちろん「タ」「タイ」である。訓読みでは「ふとる」である。さらに見ると、意味としては「たっぷりとふくれているさま。ゆたかであるさま。ゆったり落ち着いたさま」とあり、さらに「秦」と同じとある（『漢和大字典』）。

現代人の我々は「太い」をただ、肥えている、太っているというように考えてしまいがちだが、古語をひもとくと「太敷《ふとし》く」という言葉がある。これは「立派に統治する」「堂々と占拠する」といった意味である。朝廷に絹や絹織物を堂々と立派に積み上げた光景を目に浮かべると、「太」がうずたかく絹を積み上げた様子と重なってくる。しかも、「太」は「名より」つまり、人名としては「うず」とも読むことが示されている。

さらに難問なのは「麻佐」である。もともと「禹豆麻佐」の四文字は単なる当て字なのでそのまま意味を問うてもそれこそ意味がないことではある。

しかし、この「麻佐」に関しては少し違っている。「麻」はもともと「マ」と読むことは当然なのだが、これは意図的にこの「麻」を使ったのではないか。麻は古代より日本人の衣服として最も多く使われてきた素材である。「麻」を使った最もポピュラーな衣服が「衣《きぬ》」と呼ばれていたわけで、「衣」は「麻」でできたものもあり、「絹」でできたものもあったわけである。

雄略天皇の時代にはすでに絹はあったとはいうものの、それほどポピュラーではなかったはずである。そこで、考えられるのは、当時においては絹も麻もそれほど大きな差はなく、少なくとも身を包む衣服としてとらえられていたのではないかという推測である。

秦河勝は麻（衣）を届けるといって、実は「絹」を山のように積み上げたので、天皇の信頼を勝ち得たのではないか。当時の渡来人には秦氏のライバルとして漢人《あやひと》がいたわけで、その漢人に対抗するために、絹をうずたかく積み上げたとも考えられる。

路面電車が走る太秦広隆寺駅

これはあくまでも推測だが、ひょっとして真実に近いものかもしれない。

11 帷子ノ辻（かたびらのつじ） 檀林皇后の帷子が舞った

京福嵐山本線「帷子ノ辻駅」

「広隆寺太秦駅」から歩いて一〇分程度で「帷子ノ辻駅」に着く。これも変わった駅名で、京都に相当詳しくないととても読めない駅名である。駅の周辺を歩いてもこの駅名の由来を明かす手がかりは何もない。

まずこの駅名の謎を明かすためには、橘嘉智子《たちばなのかちこ》（七八六〜八五〇）なる人物を知らなければならない。今日でも「橘さん」という方がいるが、あるいは古代の橘氏の系統をついでおられるかもしれない。

橘氏は古代の名族の一つで、和銅元年（七〇八）三野王《みぬおう》とその妻三千代が賜った橘（宿禰《すくね》）の姓を子の葛城王《かずらき》（諸兄《もろえ》）が臣下に下して受け継いだのが始まりだとされている。四姓（源平藤橘）の一つで、諸兄は左大臣・正一位まで上り詰めた超エリートであった。しかし、その子の奈良麻呂《ならまろ》が反乱を企てて失敗するに及び、勢力を失うことになった。

橘嘉智子は奈良麻呂の孫に当たり、嵯峨《さが》天皇（七八六〜八四二）の皇后となり、仁《にん》明《みょう》天皇を生むなどして、橘一族は再び勢力を盛り返すことになる。京都嵯峨に檀林寺《だんりんじ》を創建し、さらに学習館という氏族の学校までつくっている。一三〇〇年近くも前に学校をつくっているというのは特筆すべきことであり、しかし、大いに考えていいことだと思える。現在ある「学習院」大学は、幕末にまず京都につくられており、「学習」という言葉に関しては、何らかの影響があったのかもしれない。

嵯峨天皇は承和九年（八四二）に崩御されている。橘嘉智子が亡くなったのはその八年後の嘉祥三年（八五〇）五月四日のことである。皇后は嵯峨野を愛した夫、嵯峨天皇の愛をあえて断ち切るために自分の遺体を嵯峨野の原に捨てるようにという遺言を残したとのことで、その遺骸はこの地にさらされたという。そのとき、身につけていた帷子が風に舞い上がってこの辻に落ちたと伝えられている。

この辻は、東に太秦、西に嵯峨野、北には広沢池、というように街道上の重要な分岐点であった。それだけでなく、都の郊外に当たり、嵯峨野の奥は死者の葬送の地であった。化野念仏寺《あだしのねんぶつじ》はそのシンボル的存在だが、その入り口に位置しているのは、この帷子の辻である。

帷子という言葉はもうほとんど使われることはないが、裏をつけないひとえものを意味している。元の意味は、あわせの「片ひら」である。皇后が亡くなったのは五月ということで、帷子も飛びやすくなっていたのかもしれない。

12 有栖川（ありすがわ） 禊《みそぎ》をした川の名前から

京福嵐山本線「有栖川駅」

「有栖川」というと何となくすごい名前なのだなと思ってしまう。「有栖川宮」というと、歴史的には高松宮と称した御陽成《ごようぜい》天皇（一五七一～一六一七）の皇子好仁《よしひと》親王を祖とする宮家で、有栖川親王は幕末から明治にいたるまで多くの分野で活躍している。とりわけ、有栖川宮熾仁親王《ありすがわのみやたるひと》は戊辰戦争で東征大総督、西南戦争では征討総督となり、その功により陸軍大将になっている。あの西郷隆盛《さいごうたかもり》率いる薩軍を打ち破った大将ともなると、評価は分かれるかもしれないが、宮家として大きな貢献をなしてきたことは事実である。

その有栖川家がここで取り上げる「有栖川」に直接関連があったかどうかはわからない。今後の研究の課題としたい。

嵐山本線の「有栖川駅」を降りて南に下ると、すぐ昔の街道に出る。そこを右手にしばらく行くと、「斎宮《さいぐう》神社」という小さな神社が建っている。その先に行くとすぐ川を渡ることになる。この小さな川が「有栖川」である。この川名で辞典を引くとこの京都の川が載っているところを見ると、やはりこの川は昔から大切な川として扱われてきたことが理解される。

実は、この「斎宮神社」と「有栖川」の関係から、意外な歴史が見えてくるのである。

「斎宮神社」の「斎宮《さいぐう》」とは、境内にある説明書きによれば、「伊勢神宮に仕える未婚の皇女または女王の称であり、七世紀後半の天武《てんむ》天皇の頃に制度化され、後醍醐《ごだいご》朝以後に廃絶するまで続いた」とされる。つまり、斎宮とは天皇の名代として天皇の即位のときから譲位まで伊勢神宮に仕えることを任務とした未婚の女性であった。伊勢神宮が中心だったが、賀茂《かも》神社にも同じしきたりがあって、賀茂神社の場合は「斎院」と呼んでいた。

このような、天皇の代わりに未婚の女性を伊勢神宮に送り、天皇の身の潔白を神に知らしめようとする慣習は、十分ありうる話なのである。

選ばれた皇女・女王はまず宮城内の初斎院で潔斎《けっさい》（神仏に仕えるため、酒肉を避け、けがれたものに触れず、身心を清らかに保つこと）し、その後、潔斎所を宮城外に移して、川で禊《みそぎ》と祓《はらい》を三年間続けたという。

これはちょっと大変な行なのだが、それをやりぬいた女性だけ、斎宮の任に就くことができたのである。

この斎宮神社はその潔斎の場所であり、禊をしたのが有栖川という川であった。このような経緯を見ると、「有栖川」という宮家は十分天皇に仕える高家であったということになる。ただし、有栖川家とこの有栖川に十分な関係があるかないかは、これからの検討課題だ。

禊をしたとされる有栖川

13 車折神社（くるまざきじんじゃ） 車を引く棒が裂けた！

京福嵐山本線「車折神社駅」

「有栖川駅」の次が「車折神社駅」である。この「車折神社」だが、どう考えても「くるまざき」とは読めない。やはり「くるまおれ」である。その謎を解いてみよう。

駅名の由来となっている神社の境内にある看板（京都市）には、こう書いてある。

「高倉《たかくら》天皇に仕えた学者清原頼業《きよはらのよりなり》（文治五年一一八九没）を祀《まつ》る。

むかし、ある貴人が牛車に乗って、この社前を通ろうとした時、たちまち牛が倒れ車が折れたので車折神社とよばれるようになったといわれる。昔から商人がこの神社の小石を持帰り家に納め満願の際この小石を倍にして神社にかえし商取引の違約のないよう祈る慣しがある」

祭神の清原頼業は別にして、「車が折れた」ので、「車折神社」としたというのは、いちおう信じていいのではと思う。神社で発行している由緒書きでも、後嵯峨《ごさが》天皇が嵐山の大堰川《おおいがわ》に行幸されたとき、この社前で牛車の「轅《ながえ》」が折れたので、「車折大明神」の御神号を賜ったと書いている。

「轅」とは「長柄」とも書き、馬車や牛車の前に長く出した二本の棒のことで、この二本を馬や牛が引くことになっているものだ。つまり、車の「前」の棒が折れたということになる。

こうなってくると、謎も解けてくる。「車折」は実は「車前《くるまざき》」だった可能性が高い。「前」は「さき」とも読むからだ。つまり、車の先（前）が折れたという事実に基づいていると考えてもいいのではないか。

郷土史家の中には、この辺は葛野川（大堰川）と他の渓流が合流する地点で、あくまでも地形から「崎」と呼ばれてきたのではと推測する人もいるが、そうなると、「車」をどう説明するかが問われてくる。

ここは、素直に車の伝説に従ったほうがいい。

すると、問題はこうなる。車の「前《さき》」が折れたのはわかるが、「折れた」ということがなぜ「さき」と呼ばれることになったかである。

それに対して、私は一つの解答を見出した。

この「折」はもともとは「拆」だったのではないか。「折」は音読みで「セツ」としか読まないが「拆」は「ひらく」「さく」と読む。意味は「打ち割って二つにさく」ということである。特に斧で割った状態を指している。

言い換えれば、車の先は二つにぽっきり折れたのではなく、二つに裂けるように割れたのである。こう考えると、この「車折」の謎は解ける。

つまり、車の「前」についていた二本の棒が裂けるように割れてしまった。そこで、「車拆神社《くるまざき》」と呼ばれるようになったのだが、年を経るうちに「車折神社」というように漢字が変わってしまった。でも発音は変わらず「くるまざきじんじゃ」として伝えられてきた。

地名の世界ではこのようなことはいつでもどこでも起こりうる話だ。「拆」と「折」の違いはわずか、一つの点だけである。

車折神社に正式に問い合わせたわけではないが、地名研究の立場からみると、このような解釈が可能であるということである。

コラム2 なぜ「京福線」は「福井」につながっていないのか

「京福電気鉄道」といえば、今は「嵐山本線」と「北野線」を経営している会社として知られる。この二つを合わせた「嵐電《らんでん》」は京都の人にも観光客にも愛されている電車である。「京福」はかつては今の「叡山電鉄」をも経営していたが、現在は京福の子会社が経営する形態をとっている。

さて、この「京福」だが、ちょっと考えると「京都」と「福井」をつなぐ鉄道のように見える。が、実態はもちろん違っている。なぜ「京福」は福井にまでつながっていないのだろうか。

鉄道名は、よく両ターミナルの地名を二つ合わせて命名することが多い。「おけいはん」で有名な「京阪」は「京都」と「大阪」を結んだ線だし、「阪神」も「大阪」と「神戸」をつないでいる。JRの「阪和線」は「大阪」と「和歌山」だ。

東京でも同じことで、「京王」は「東京」と「八王子」を結んだもの。「京浜」は「東京」と「横浜」、「京成」は「東京」と「成田」といった具合である。

ところが、「京福」の場合は、どう考えても、「福井」まで鉄道を延ばそうとした気配はない。それはなぜか。

社史をひもといてみると、京福電気鉄道会社が設立されたのは昭和一七年のことである。ところが、この会社にはそれをさかのぼること五〇年以上にわたる前史がある。それは明治二一年に我が国で四番目の電灯会社として設立された京都電燈会社である。

もともとこの京都電燈会社は電力供給事業で発展してきたのだが、明治末期に電気鉄道事業に進出し、越前電気鉄道（大正三年開業）、嵐山電車軌道（大正七年）、叡山電気鉄道（大正一四年）、さらに三国芦原電鉄（大正一三年）、鞍馬電鉄（昭和二年）と事業を拡大していった。

この経緯を見ると、「京福線」は鉄道を敷くことから始まったわけではなく、もともと福井と京都で開業した鉄道の経営が一緒だったことから、「京福」という名前になったことがわかる。

よく考えると当たり前のことだが、京都市から福井はあまりにも遠く、しかも深い山も続いて、とても鉄道なぞ敷ける地形ではない。

14 長岡京（ながおかきょう）　たった一〇年で消えた都

ＪＲ京都線「長岡京駅」

古代の都の位置を確認してみると、飛鳥などに都が置かれた時期に続いて、本格的な都は藤原京によって実現する。藤原京は持統《じとう》天皇の力によって持統八年（六九四）に成立したとされる。以後和銅三年（七一〇）の平城遷都まで、藤原京は一〇年余りにわたって存続している。

奈良時代は和銅三年（七一〇）の平城遷都から延暦一三年（七九四）に平安遷都されるまでの八四年間だと考えられがちだが、実は奈良時代の最後の一〇年間は桓武天皇自身による長岡京の時代であった。桓武天皇自身の判断で平城京を廃止して長岡京を造営し、それが完成する間もなくたった一〇年で桓武天皇は平安遷都を敢行している。これはいったいどのようなことが原因で起こったのか、今も歴史家の間で議論が続いている。

いくつもの謎がある。大きく分ければ二つになる。一つはなぜ平城京を廃止して長岡京をつくったかという謎。もう一つはいうまでもなく、なぜたった一〇年で平安遷都を行ったかという謎である。

第一の謎に迫ってみよう。それには奈良時代を支配した天皇の系譜をまず調べてみることが必要になる（かっこ内は即位の期間）。

第四三代　元明《げんめい》天皇（七〇七〜七一五）　女帝
第四四代　元正《げんしょう》天皇（七一五〜七二四）　女帝
第四五代　聖武《しょうむ》天皇（七二四〜七四九）
第四六代　孝謙《こうけん》天皇（七四九〜七五八）　*女帝
第四七代　淳仁《じゅんにん》天皇（七五八〜七六四）
第四八代　称徳《しょうとく》天皇（七六四〜七七〇）　*女帝
第四九代　光仁《こうにん》天皇（七七〇〜七八一）
第五〇代　桓武天皇（七八一〜八〇六）

ここで、まず注意してほしいのは、孝謙天皇と称徳天皇は同一人物であるということである。同一人物が二度天皇に即位した例はわずか二回だが、その一つの例が孝謙・称徳天皇の事例である。

もう一つは、七人の天皇のうち、三名が女帝だったことである。すなわち元明天皇、元正天皇、孝謙・称徳天皇は女帝であった。現代の時点で、女帝は可か不可かと議論が起こっているが、古代においては女帝はごく普通に存在したのである。しかし、その多くは男の天皇の中継ぎのような役割だったともいわれている。

さて、そう考えてくると、これだけの天皇が並びながらも、奈良時代に大きな仕事をしたのは聖武天皇と桓武天皇だけだということがわかってくる。ほとんどが一〇年足らずの即位期間であるにもかかわらず、聖武天皇は二五年間、桓武天皇も二五年間天皇の地位に就いていたことになる。

当時絶対的な権力を持っていた天皇であったことを考えれば、単に政治経済的な条件で長岡京に遷都したということではなく、もっと精神的なものがきっかけであったと考えられる。その点で、桓武天皇の生まれた背景をさぐってみて、天皇は一種のコンプレックスを抱いたのではないかという説を読んで、なるほどと考えた。

問題はこうだ。孝謙・称徳天皇は豊かな才能を持ったエリート官僚のような人だったらしいが、それゆえか、結婚をせずに子どももいなかった。したがって称徳天皇の後任をどうするかでもめたらしい。結果的には光仁天皇になるわけだが、その妻は高《たか》野新笠《ののにいがさ》という渡来人であり、地位は低く卑母の出身だとされている。つまり、桓武天皇の母は地位が低く、本来は天皇にはなれぬ血筋だったということである。しかし、称徳天皇には子どもがいないため、やむを得ず光仁天皇が即位することになった。

その光仁天皇が譲位したいといったとき、光仁天皇は息子の山部親王（後の桓武天皇）を指名したが、それに対して、「山部親王は母卑しく在《おわ》す」として別の候補も挙げられたという。

この説は佐藤宗諄氏の考えだが、たぶん、桓武天皇にはこのような出自に関するコンプレックスがあったものと見られる。佐藤氏は「桓武天皇は卑母の出身であるということが、非常に大きな負担であったと考えざるを得ない。つまり、多くの犠牲を強いた上でようやく天皇につくことができたのです」という（中山修一編『よみがえる長岡京』）。

もちろん、長岡遷都には政治経済的な条件もあったろう。中でも説得力を持つのは、それまで首都・副都関係にあった大和の都と難波津の関係を解消して、長岡京に一本化しようとしたという説である。それまでの都は奈良盆地にあるため、海外との窓口になるのは難波津しかなかった。したがって、それまでは奈良に都を置いても、常に難波を副都として置かなければならなかった。長岡に都を移せば、都の二本化問題は解消されることになり、難波津も廃止できると考えたという説である。

なるほど、これはそれなりに説得力があるが、それがまだ七〇年程度しか経っていない平城京を廃して新しい都をつくるといった主な理由になるかというと、疑問である。

私は、もっと個人的な思いで遷都を敢行したのではないかと推測する。つまり、「平城京なぞにいても仕方ない。もっと違うところに移ろう」という個人的な思いが強かったのではないかと推測する。事実、そんなことができた時代だったのである。

そう考えてくると、なぜ一〇年も経たずに平安遷都したのかという第二の謎も解けてくる。

歴史家は、洪水が起こったとかを理由に挙げることが多いが、私はもっと個人的な思いによるものだと考える。桓武天皇は確かにやり手で、実行力もあるが、まず人の話に耳を貸すタイプの人ではなかったらしい。要するにわがままなのである。自分の思うようにしないと気がすまないタイプで、その結果、人に迷惑をかけることがあっても意に介さないタイプのように思える。

これは桓武天皇の事跡を追ってみて、私なりにイメージした人物像である。

歴史家の間では、長岡京を捨てて平安遷都を敢行したのは怨霊によるものだといわれているが、私はまさにそのとおりだと思う。

長岡京は正式には延暦三年（七八四）に造営されたが、事件は翌四年（七八五）九月に起こった。長岡京造営の中心的人物藤原種継《たねつぐ》が暗殺されたのである。記録によって若干の違いがあるものの、事件のあらましはこうだ。

桓武天皇が平城京に出向いていた留守のある夜、種継が松明を持って長岡京を見回っていたところ、何者かによって弓矢で射殺されたのである。

当然、しかけたのは、長岡京造営に反対する大伴《おおとも》家を中核とした反藤原勢力であった。ところが、この謀略に、桓武天皇の弟（正確にいうと、桓武天皇の同母弟）の早良《さわら》親王が加わっていたということになり、桓武天皇は早良親王を廃太子し、長岡京の乙訓寺《おとくにでら》に幽閉したが、早良親王は無実を訴え、淡路に流される途中、自ら食を絶って死んでしまった。

実はその直後に桓武天皇の周辺の要人が次から次へと亡くなっていき、占ってもら

早良親王が幽閉されたという乙訓寺

ったところ、それは早良親王の怨霊の祟《たた》りだということになり、結局桓武天皇は長岡京を捨てて、平安遷都に踏み切ったといわれている。

この怨霊説は、今の時点で考えれば不思議にも思えるが、怨霊は当時の時代状況では絶対的なものとして受け止められたに違いない。

もちろん真相は詳《つまび》らかではないが、桓武天皇の生い立ちとその生き方に迫る中で見えてくるものから長岡京の謎に迫るのがいちばんだと思う。

ところで、「長岡京」という地名がなぜつけられたかについて一言触れておこう。京都方面から阪急線で大阪方面に向かうと、「洛西口駅」を通過したあたりから右手に「長い丘陵」が続いているのがわかる。これは現在「向日《むこう》丘陵」と呼ばれているが、長岡京の中心部はこの「長い丘陵」の終わる部分に設置された。その「長い丘陵」が「長岡」となって「長岡京」という都ができたのである。

15 膳所（ぜぜ）天皇の食事を司った御厨から

JR琵琶湖線「膳所駅」
京阪石山坂本線「京阪膳所駅」「膳所本町《ほんまち》駅」

昔、学生時代に出合った先輩に「膳所高校」卒業の人がいた。高校どこですかと聞いてみると、「膳所高校」だというので、世の中には珍しい名前の高校があるものだと妙に感心したことを思い出す。いうまでもなく膳所高校は膳所市の名門校で、多くの有名人を輩出している。

膳所を代表する駅としてはJR京都線に「膳所駅」とそこに接続している「京阪膳所駅」があるが、実際の歴史の跡は「京阪膳所駅」から二つ目の「膳所本町駅」である。駅のすぐ近くに膳所神社がある。

「膳」は「お膳」の「膳」だから、「ぜ」と読めることは理解できる。問題は「所」をなぜ「ぜ」と読むようになったかである。

「所」は音読みにすると、「ショ」「ソ」になるので、「セ」と読んでそれに濁点が付け加わったものと見ると、少しは理屈が通るようにも見える。本書で紹介しているように、奈良県の「御所」は「ごせ」と読んでいる。まったくつじつまが合わないわけではない。

この地名の由来は、平安時代にこの地に置かれた御厨《みくりや》であるとされている。御厨とは天皇などに魚介類などの食事を調理する所領のことである。「膳所本町」の近くにある膳所神社はその御厨の跡地であるといわれる。社伝によると、天智天皇が大津の宮に遷都した際、この地を御厨と定めたとあるが、実際は平安時代のことだとされる。

祭神は文字通り、食物の神の豊受比売命《とようけひめのみこと》である。そう大きな神社ではないが、社殿の両サイドには、米俵が三俵ずつ奉納されている。やはり、食物の神様だな、と妙に感心した。

写真に見える神社の表門は、旧膳所城の二の丸から本丸への入り口にあったもので、明治三年に膳所城が取り壊しになった際、ここに移築されたものという。桃山時代の建築として貴重であるということで、重要文化財に指定されている。

鳥居の奥に見える膳所神社の表門

その門をまっすぐ琵琶湖に向かって一〇〇メートルも行くと、湖畔に面した膳所城の城跡に出る。膳所高校は膳所神社のすぐそばにある。

16 安曇川（あどがわ） 古代安曇族の痕跡は？

ＪＲ湖西線「安曇川駅」

この「安曇川」という地名には、やや個人的な関心がからんでいる。私自身は長野県松本市に生まれたのだが、当時は松本市の北には「南安曇《あずみ》郡」「北安曇郡」が大きく広がっていた。現在は平成の大合併によって、「穂高町」「明科町」「豊科町」といった由緒ある町名が消えてしまったが、その代わり「安曇野市」なる市が誕生して、かろうじて「安曇野」という地名は残っている。

この安曇野には古代の安曇族が日本海方面より上ってきて、この山里に定住したということはよく知られている。

ひょっとしたら、私のルーツは安曇族なのかもしれないと考えると、いてもたってもいられないロマンを感じさせてくれる。前著『「地名」は語る』で紹介したように、安曇族は九州福岡の志賀島《しかのしま》に拠点を置いて、朝鮮半島との交易に従事していた海人族であったことは確かだ。志賀海《しかうみ》神社の由緒書きには、こう書いてある。

「古来、この綿津見三神を奉斎してきたのが神裔『阿曇族』である。この阿曇族は、志賀島を海洋民族の一大拠点とし、国内・大陸との交易を行い経済的・文化的に高い氏族であった。その交易の足跡が長野県安曇野市穂高、対馬、兵庫、石川県志賀町、滋賀県安曇川、愛知県渥美半島など、『しか』『あつみ』と称した地名に多く見られる」

驚いたのは、この志賀海神社の宮司さんが「阿曇さん」ということだった。やはり安曇族の歴史は連綿として今に生きているのである。

さて、この由緒書きには明確に「滋賀県安曇川」と書いてある。つまり、安曇川は安曇族によって開拓されたといっているのである。この時点で、滋賀県の「安曇川」

に行ってみなくては始まらないと考えていた。

京都から山科を経由して安曇川までは思いのほか時間がかかった。安曇川に着くまでには「和邇《わに》駅」「蓬萊《ほうらい》駅」「志賀駅」「比良《ひら》駅」など歴史を感じさせる駅が連なっている。常に右手に琵琶湖の広々とした景色が望められるのもいい。図書館で『安曇川町史』をひもといてみると、そこには第二章「海人族の系譜」として、かなり詳細な記述がなされていた。

記述はかなり慎重で、この地域が安曇族によって拓かれたとは断定してはいないものの、大筋においてはこの地に安曇族が入ってきたという話になっている。現に新旭町の太田には安曇氏の氏寺や阿曇比羅夫の墳墓の口碑があることまで書かれている
(地名は昭和五九年当時)。

現在は「安曇川町」だが、この「安曇川町」は昭和二九年、それまであった青柳村、本庄村、広瀬村、そして「安曇村《あど》」が合併してできた町である。

それまでは「安曇村」だったわけで、「安曇」という地名とはそのまま重なってくる。

ただ、この地では「安曇」を「あど」と読んでいるが、それはそう本質的な問題で

安曇族のロマンを秘めた安曇川

はない。このように転訛《てんか》することはよくあることで、それよりも「安曇」という漢字を使用してきた事実のほうが重い。

安易な断定はできないが、安曇川の上流には昔より「鯖街道」の中継点として知られる朽木《くつき》地区があり、若狭湾の魚介類がここを通して京都まで運ばれたことで知られている。

安曇氏は古来、海洋貿易と水軍力の掌握という力を有しており、それらの実績を背景にして、令制下において、内膳司《ないぜんし》の長官たる内膳奉膳の地位に就くことが慣例となっていた。つまり、天皇の食事を調理する責任者だったということである。

この安曇川の地に「安曇川御厨」が置かれていたことは確認されており、安曇氏とも何らかの関連があるものと推測される。

最後にちょっとした実験をしたことについて触れよう。

長野県の安曇族について調べている坂本博氏は、安曇族を特徴づけるものとして、「オキュウト」もしくは「エゴ」について注目している。氏によれば「オキュウト」も「エゴ」も同じものだが、「オキュウト」とは福岡県での表現、「エゴ」は日本海一般に広がっている表現であるという。具体的には海草で作ったトコロテンだと考えればいい。

坂本氏は、安曇族の子孫に当たる人々はこの「エゴ」を今も食べているという調査結果を発表した。安曇野では今でも「エゴ」を食べているのである。

そんなことで、私は地元の老人や、スーパーの人に、「エゴ」のようなものを食べる習慣があるかと聞いてみたのだが、そのようなことはまったくないと言っていた。「安曇川」の歴史もまたおもしろい。

17 蹴上（けあげ）　義経伝承にちなむ

京都市営地下鉄東西線「蹴上駅」

「三条京阪駅」から東にまっすぐ延びる道が三条通である。平安神宮の前辺りが昔から「粟田口《あわたぐち》」と呼ばれていたところで、いわば、東から京都に入る入り口に当たっていた。京都には「京の七口《ななくち》」と呼ばれた〝口〟が七つあったのだが、その一つであった。

栗田口から急な坂道を上っていき、もうだめだ、と思う辺りに地下鉄の「蹴上駅」がある。この地下鉄東西線は平成九年に開通したばかりなので、京都にしてはとても最近のことになる。

この辺一帯を昔から「蹴上」と呼んできたが、ここには義経にまつわる伝承が残されている。

その昔、源義経が牛若丸と名乗っていた頃、鞍馬山を出て金売商人の橘次《きつじ》末春《すえはる》に従って東国に出発した。そのとき、ここで関原与一なる人物の一行と出会ったという。与一は美濃国の武士で、馬に乗って京に入るところだった。ところが、その従者が誤って峠の水を蹴って義経の衣を汚してしまったという。

義経はその無礼を怒って、刀を抜いて従者一〇人を斬り捨て、与一の耳鼻を削《そ》いで追い払ったというのだ。

はたしてこれは本当の話だろうか。もし本当だとすると、義経とはとんでもない人間だということになるが、相当オーバーに伝えられたものとみえる。しかも、この関原という武士は平家であったといわれるので、あるいは源平のいさかいから、このような争いが起こったと考えるべきなのかもしれない。

蹴上からさらに少し上ると「日ノ岡峠」にさしかかり、それを越えると、もう山科の里である。義経が血のついた刀を洗ったという太刀洗池は、この峠を下りたところにある御陵《みささぎ》血洗《ちあらい》町にあったという。今は小学校になっている。

蹴上駅の近くには南禅寺《なんぜんじ》などの旧跡が多いし、その近くから哲学の道が銀閣寺《ぎんかくじ》方面に続いている。蹴上駅のすぐ近くに「インクライン」が今もその跡を残している。これは明治になってから琵琶湖の水を京都に運ぶという計画で、疏水を使って水を京都に取り込んだのである。

琵琶湖疏水で難しかったのは、トンネルを掘って疎水を通すことだったが、次に難しかったのは、水位の問題であった。琵琶湖と京都では水位が三三メートルほど違っているため（琵琶湖のほうが高い）、船を傾斜鉄道で上げ下げしなければならなかった。この傾斜鉄道がインクラインである。

とかく「インク・ライン」と読んでしまいがちだが、もともとの英語は傾斜地を示す「インクライン」なので、正確に発音すると「イン・クライン」である。

これは蹴上駅につながっているので、ぜひご覧いただきたい。

18 信楽（しがらき）「紫香楽」から「信楽」に変わった謎

信楽高原鐵道「信楽駅」

「信楽」といえば、まず思い起こすのが「信楽焼き」。私の家の玄関にも滋賀県出身の教え子からいただいた狸の焼き物が置いてある。

ところが、この「信楽」という地名は地名研究者の間でも難しいといわれている。「信楽」と書いてなぜ「しがらき」と読むのか。まだ誰も説得力ある解答は出していない。

まず古代においては「紫香楽」と書かれていたことがわかっている。奈良時代の天平一二年（七四〇）、聖武天皇は突如奈良の都を離れ、現在の京都府相楽郡加茂町に新しい都を作り始めた。これを「恭仁京《くにきょう》」と呼んでいる。そして、その恭仁京から甲賀郡紫香楽村に通じる道が開かれ、天皇はこの紫香楽村に離宮をつくることになった。

当然平城京はそのままあったわけなので、この聖武天皇の行動は歴史家の間でも謎とされている。恭仁京をつくり、さらに紫香楽京をつくり、天宝一六年（七四四）には難波京を正式な都としてしまう。

一旦はこの紫香楽京を都としたものの、その直後に宮まわりでしきりに火災が起こり、聖武天皇は早々に平城京に戻ってしまうという、理解に苦しむ行動を取っている。

歴史上、奈良の大仏は聖武天皇によって東大寺《とうだいじ》に作られたと教えられているが、聖武天皇はまずこの紫香楽に大仏を作ろうと考えた。これも不可解ではある。

とりあえず、「信楽」に行ってみることにした。草津から草津線で「貴生川駅《きぶがわ》」まで行き、そこで信楽高原鐵道でかなり山の中に入っていく。こんな先に果たして集落があるかと不安になるほど山を上っていくと、やがて盆地に出た。ふと見ると、駅名が「勅旨駅《ちよくし》」となっている。やはり、ここには天皇の歴史が今も伝わっているのかと感慨にふける。

終点の信楽駅を降りると、周辺は皆信楽焼きの店ばかり。信楽焼きを買いに来たわけではないので、電車で「紫香楽宮跡駅《しがらきぐうし》」に戻って、紫香楽宮跡を訪ねてみた。駅から二〇分も歩いたところにその宮跡はあったが、これが本当の宮跡なのかはわからないと看板には書いてある。実際はこの跡は紫香楽宮の後につくられた甲賀寺の跡とされている。

さて、この「信楽」の謎の解明に挑戦してみよう。奈良時代には「紫香楽」と書かれていたのが、平安時代には「信楽荘」という荘園になっている。『続日本紀《しょくにほんぎ》』によれば、聖武天皇は天平一四年（七四二）に「近江国甲賀郡紫香楽村」に行幸しようとする詔を出していることを考えると、すでにその時点で「紫香楽村」になっていたことは事実である。この「紫香楽」は例によって好字を使っていたにすぎない。

この場合、「紫香」を「しが」と読ませ、「楽」を「らき」と読ませていることに注目したい。「紫香」を「しが」と読むのはごく当たり前のことだが、問題は「楽」を「らき」と読ませていることである。

実はこの辺には、同じような地名がある。隣の地域には京都府の「相楽郡」がある。現在はこの「相楽」は「そうらく」と読んでいるが、平安時代に出された『和名抄』では「さからか」と読まれている。つまり、古代においては「楽」は「らか」と

紫香楽宮跡（甲賀寺）の礎石

読まれていたのである。

「紫香」が「信」に変わることは十分あり得る話である。問題は「楽」を「らき」と読むかどうかである。ここに紹介した「相楽」の例で考えれば、「楽」は十分「らき」とも読めることになる。

「紫香」はいったい何だろうかという疑問も出るが、「志賀」もしくは「滋賀」といった可能性もある。ただし、まだ誰もその解明には成功していない。

二

途中下車したくなる奈良の駅名

1 奈良（なら）　奈良を「平城京」と呼んだのはなぜ？

近鉄奈良線「近鉄奈良駅」　JR奈良線「奈良駅」

昔から「奈良」の駅は変だなあ、というのが率直な印象だった。メインは「近鉄奈良駅」で、何か会議があるときは京都から特急で大和西大寺駅を通って行くのが普通だった。今でも状況は変わらないが、JR奈良線で行くとJRの「奈良駅」に着いてしまう。ところがJRの奈良駅周辺には見るべきものはほとんどない。結局は近鉄奈良駅まで行かないと何も始まらないというのが実情であった。なんで、こんなにJRは人気がないのかというのが実感だった。

最近はJRの奈良駅の改装が進み、JRの乗降客もかなり増えた気がする。ホテルはむしろJRの駅周辺に集中している。とはいっても、奈良県というところは、やはり近鉄におんぶにだっこ状態である。それほど近鉄はどこに行くにも便利なのだ。

さて、問題の「奈良」の由来だが、これについては私事から書かせていただきたい。私は長野県松本市の生まれということにしてはいるが、正式には長野県東筑摩郡入山辺村に生まれた。昭和二九年の昭和の市町村合併時に松本市に編入されたにすぎない。ちょうど、松本平《だいら》（長野県では大きな盆地のことを「平《たいら》」と呼んでいる）の東方面で細い川筋に入った谷である。奈良県でいえば、まさに「初瀬」の谷に相当する。

その村の私の生まれた集落は「三反田」という名前だったが、その隣に「奈良尾」という集落があった。私は幼い頃から、「どうしてこんな信州の山の中に『奈良』なんて都の地名があるのか」と不思議に思っていた。「奈良」といえば「都」、「都」といえば「奈良」である。それが一般の意識だからだ。奈良の都から誰か高貴な人が来られたのかもしれないなぞと考えてみたのだが、とてもそんなことは考えられないごく普通の田舎である。

やがて、地名研究に入ってみて、その謎が解けた。実はこの「奈良尾」という地名は長野県の松本以北の山の中に数多く点在しているのである。「山の中」というのが味噌である。平地にはない、これが謎を解く鍵である。

松本だけではない。「奈良」という地名は全国に分布している。関西よりもむしろ中部、関東などのほうが多いともいわれている。大和の「奈良」だけではないのである。

地名研究によると、「奈良」は土地を「平《なら》す」「均《なら》す」から来たという説が強いことを知った。

それを当てはめてみると、私の故郷にある「奈良尾」は見事に説明できるのである。「三反田」というのはやや平地に近く田んぼができる地形なのだが、隣の「奈良尾」は集落のすぐ裏側に薄川という川が流れていて一〇メートル程度切れ落ちている。いわば、「ならした」台地が切れ落ちた「尾」になっているところ、つまり「奈良尾」なのである。断面図に描いてみれば、それは見事なまでに「奈良尾」なのであった。信州の山の中は平地が少なく、それでも平地を作って田畑を耕すことになるが、そのわずかな平地の切れ落ちている「尾」が「奈良尾」なのである。そう考えてみると、「奈良尾」が信州の山の中に多く点在することはわかりやすい道理である。

実は大和の「奈良」も同じ理由によっているものと見ていい。かつては「奈良」の由来としては、古代朝鮮語の「ナラ」が「都」を意味するという説と、先に紹介した「ならす」説と大きく二つに分かれていたが、近年は私の主張する「ならす」説のほうが有力である。

その根拠が『日本書紀』に書かれている。時は第一〇代崇神《すじん》天皇の御世である。崇人天皇は第一代の神武《じんむ》天皇から数えて一〇人目に当たるとされているが、『古事記』『日本書紀』の記述からして、第二代の綏靖《すいぜい》天皇から第九代の開化《かいか》天皇までは実在しなかったのではないかといわれている。いわゆる「欠史八代」と呼ばれる時代である。歴史学でも決着がついているわけではないが、その分、第一〇代の崇神天皇の存在感が強くなっている。

崇神天皇は近隣にいる天皇の抵抗勢力を抑えるために、いくたびかの軍事行動を起こしている。『日本書紀』に次のような記述がある。

「大彦《おおびこ》と和珥臣《わにのおみ》の遠祖彦国葺《とほつおやひこくにぶく》とを遣して、山背《やましろ》に向《ゆ》きて、武埴安彦《たけはにやすひこ》を撃たしむ。爰《ここ》に忌瓮《いはひべ》を以て、和珥《わに》の武鐰坂《たけすきのさか》の上《うへ》に鎮坐《す》う。則ち精兵《ときいくさ》を率《ゐ》て、進《すす》みて那羅山《ならやま》に登《のぼ》りて軍《いくさだち》す。時に官軍《みいくさ》屯《い》聚《は》みて、草木《くさき》を蹢跙《ふみなら》す。因《よ》りて其《そ》の山《やま》を号《なづ》けて、那羅山と曰《い》ふ」

この「那羅山」というのは、現在でいうとJR奈良線の「平城山駅」のあたりから西に延びている「なら山」一帯である。今は平城宮跡の中を近鉄奈良線が突っ切っているが、復元された宮殿の北側に連なる丘上の山並みが「なら山」である。
「奈良」を土地を「ならす」あるいは「ふみならす」ところから来たと考えると、「奈良」の都を「平城京」と名づけた理由がより鮮明になる。

2 大和西大寺（やまとさいだいじ） 苦しむ人々を救った名刹

近鉄京都線・近鉄奈良線「大和西大寺駅」

「大和西大寺駅」といえば、奈良県下で最も中核的な駅といえよう。京都から近鉄で奈良へ行くとなると、近鉄京都線で行ってこの「大和西大寺」で乗り換える。また大阪から奈良へ行くとなると必ずこの駅を通過する。いわば東西南北を結ぶキーステーションである。

もちろん、この駅名の背景に「西大寺」というお寺があることは多くの人々が知っている。だが、訪れたことがある人はと聞けば、まずごく少数の人々である。「東大寺」はその大仏を今に残し、世界遺産の代表格として鎮座しているが、「西大寺」といっても多くの人々には馴染みがないというのが正直な姿なのだ。

しかし、この西大寺こそ、今の仏教界が忘れてしまった貴重な宗教的実績を持った寺だということを今一度確認しようと思う。

東大寺が聖武天皇の発願で完成したことは小学生でも知っているが、西大寺がその娘に当たる孝謙（称徳）天皇によるものであることはほとんど知られていない。東大寺の大仏開眼供養が行われたのは天平勝宝四年（七五二）のことだが、その一二年後に称徳天皇が鎮護国家・平和祈願のために金剛四天王像の造立を発願したことに始まっている。造営は翌天平神護元年（七六五）に始まり、宝亀一一年（七八〇）頃まで続けられ、完成時には東大寺に並ぶ大伽藍を擁していたと伝えられる。

しかし、西大寺はできあがったものの、平安時代に再三の火災に遭うなどして、その勢いは衰退していく。その背景を孝謙（称徳）天皇の経歴から見てみよう。

孝謙天皇は別名称徳天皇とも呼ばれる。一人が二度天皇の位に就いた例はこれまで二度しかないのだが、その一つの例である。天皇は養老二年（七一八）聖武天皇の皇女として生まれた。平城遷都の直後である。聖武天皇は大宝元年（七〇一）生まれだから、聖武天皇一七歳のときの子どもである。

聖武天皇が天平勝宝元年（七四九）に譲位したのを受けて、孝謙天皇として即位した。したがって東大寺の大仏開眼供養は孝謙天皇が行ったのである。しかし、在位一〇年で天皇の位を淳仁天皇に譲った。それが天平宝字二年（七五八）のことであった。ところが、その後淳仁天皇と不和になり、淳仁天皇の庇護者であった藤原仲麻呂《なかまろ》を戦死させ、再び、称徳天皇として即位した。それが天平宝字八年（七六四）のことである。

事態はかなり複雑だが、要は称徳天皇は二度目の即位であり、その直前に西大寺の造立を決めていることである。ところが、宝亀元年（七七〇）には崩御しており、結局は孝謙・称徳天皇の時代は混乱の時代だったといえる。称徳天皇の後を継いだのは光仁天皇だがそれも一〇年程度しか続かず、桓武天皇に引き継がれていく。桓武天皇が即位したのは天応元年（七八一）のことで、その後延暦三年（七八四）には長岡京遷都が敢行されている。いわば、西大寺が完成した直後に、平城京はなくなり、都は長岡京に移ってしまったのである。

こんな経緯で西大寺は衰退の道を歩んでいくことになる。ところが、それから五〇〇年の歳月を経て、西大寺はよみがえることになる。時は鎌倉時代。歴史の教科書では法然の浄土宗、親鸞の浄土真宗、道元の曹洞宗、日蓮《にちれん》の日蓮宗など新興仏教の時代として教えられている時代である。それらに対して平安初期から空海、最澄などによって展開された仏教は旧仏教などと扱われてしまう時代である。西大寺は真言律宗の総本山であることからして、旧仏教と位置づけされてしまいがちである。

ところが、この鎌倉時代に生まれた二人の高僧によって、西大寺は歴史上きわめて重要な役割を演じることになる。その二人の高僧とは叡尊《えいぞん》（一二〇一〜一二九〇）とその弟子に当たる忍性《にんしょう》（一二一七〜一三〇三）である。一六歳も違う両僧だが、二人は力を合わせて当時の苦しむ人々の救済に命を尽くすことになる。

叡尊は今の大和郡山に生まれたが、父は興福寺《こうふくじ》の学侶（学問する僧）の慶玄であった。もともと学問の素養があったことから、叡尊は空海に深く学び、結果的には西大寺中興の僧として知られることになる。

空海に最も学んだことは「即身成仏《そくしんじょうぶつ》」という教えだった。簡単にいうと、人間は死んでから仏になっても意味はない。生きて仏になってこそ自分らしさを全《まっと》うする日々を送ることができるというものである。この考えに立つと、目の前で苦しんでいる人々をまず仏にすることから始めなければならないことになる。

そこで、叡尊が注目したのは、時代の流れの中で低い身分とされた非人や癩《らい》患者たちであった。身分上虐《しいた》げられた人々や、病気で偏見と差別にさらされた人々を直接救おうと考えたのである。

癩病は現代はハンセン病とされて、偏見に基づいた政策に関しては行政関係者が謝罪するといった展開を見せているが、八〇〇年も前に、西大寺の僧はその先鞭《せんべん》をつけたのである。

叡尊を助けたのは、一六歳年下の忍性であった。忍性はハンセン病の患者をどのように救えるかを必死に考えた。叡尊などからも教えを受けながら到達したのは、次のような考えだったという。

ハンセン病の患者を人間だと思うから、つい哀れみの心を起こしてしまう。そうではなくて、患者が文殊菩薩の姿をとって自分の前に現れたと考えよう。そうなると、うすっぺらな哀れみだけではことがすまなくなる。文殊菩薩が患者の姿で現れて自分を試しておられる。

こう考えてくると、まず自らハンセン病の患者に立ち向かわなくてはならないこと

善財童子像が祀られる西大寺本堂

ハンセン病患者救済のための施設として創られた北山十八間戸

になる。現代の仏教にこのような考えがそのかけらでもあれば、仏教も少しは変わってくるに違いない。どう見ても、葬式仏教の域を出ていないと感じているのは私だけではあるまい。

忍性はそのために「北山十八間戸《きたやまじゆうはちけんこ》」という施設を作り、ハンセン病患者のために尽くしたという。間口一間、奥行き二間で一部屋畳四枚分の広さの部屋に三人が住んだという計算で、十八戸で五四人の患者が住んだという。

調査して恥じたのは、奈良坂の途中にあるコスモス寺として知られる般若寺《はんにやじ》も叡尊と忍性がこの事業に携わった場所の一つであったことを知ったことだ。いかに自分が仏教の真髄を知らずに来たかを思い知らされた。

忍性はその後鎌倉に招かれ極楽寺《ごくらくじ》開山となっている。西大寺の影響は東国にまで及んでいる。

もう一つつけ加えておきたい。この文殊菩薩の脇侍像として知られているのが、善財童子像である。作家の灰谷健次郎《はいたにけんじろう》がこの像を見て感動し「兎の眼」という作品を書いたことは知られている。作品の中で、次のように描写している。

「あいかわらず善財童子は美しい眼をしていた。人の眼というより兎の眼だった。それは祈りをこめたように、ものを思うかのように、静かな光をたたえていた」期せずして西大寺の古い歴史を映し出しているかのような眼差しである。ぜひ一度西大寺に足を向けてほしい。

3 長谷寺（はせでら）なぜ「長谷」を「はせ」と読むのか

近鉄大阪線「長谷寺駅」

全国の寺社仏閣を訪れているが、親しみやすさと美しさでこの長谷寺は筆頭に挙げられよう。「花の御寺」と呼ばれるように、桜・牡丹・紫陽花・紅葉といつ行ってみても、参拝者を喜ばせてくれる。伽藍《がらん》としては、仁王門から続く登廊は他に類を見ない見事なもので、長谷寺のシンボルとして親しまれている。

真言宗豊山派の総本山で、寺号は「長谷寺」と書くが、「初瀬寺」「泊瀬寺」「豊山寺」とも呼ばれている。ここに「長谷寺」の謎が秘められている。

長谷寺の門前を幅数メートルの川が流れている。これを「初瀬川」という。漢字は「初瀬川」だが、地元では「はせがわ」と呼んでいる。ここが話の味噌である。この川は桜井市あたりまでいって、「大和川」という川に名前が変わっている。実はこの大和川というのは古来大和から難波に直結する唯一の河川ルートであった。

山の辺の道をずっと南下してくると、この初瀬川（大和川）に出る。その地点は海石榴市《つばいち》と呼ばれ、仏教伝来の地として知られる。欽明《きんめい》天皇の一三年一〇月に、「百済の聖明王《せいめいわう》、更《また》の名は聖王《せいおう》、西部《せいほう》姫《き》氏《し》達率《だちそち》怒唎斯致契《ぬりしちけいら》等を遣《まだ》して、釈迦仏《しゃかほとけ》の金剛像《かねのみかたひと》一軀《はしら》・幡蓋若干《はたきぬがさこら》・経論若干巻《きやうろんそこらのまき》を献《たてまつ》る」とある。百済の王が仏像と経典などを献上したとあり、その場所がこの海石榴市だということになっている。また、一四〇〇年前（六〇八）、遣隋使の小野妹子《おののいもこ》が帰国した際、出迎えたのもこの地だとされている。当時都はこの地点に置かれており、その意味でもきわめて重要な地点であったことは確かだ。

さて、「長谷」をなぜ「はせ」と読むことになったかを説明することにしよう。

桜井市の中でも、この初瀬川の流域の谷は「初瀬」と呼ばれている。読み方は「はせ」である。ところが昔は「泊瀬」と書かれていた。読み方は「はつせ」である。

長谷寺の門前を流れる初瀬川

「瀬」とはいうまでもなく「川」のことだから、それはそれで理解できよう。「泊瀬」は「はくせ」だった可能性がある。つまり、この地点は古代より舟運の拠点であり、さらに伊勢に向かう街道の拠点でもあった。だから、ここに「泊まる」可能性は十分あったと言える。さらに、この瀬は海外に向けての最初の地点だという意味で「初瀬」と書いたとも言える。そのレベルでは、「泊瀬」でも「初瀬」でもどちらでも構わない話である。

問題は「泊瀬」「初瀬」がなぜ「長谷」になったかという一点である。「泊瀬」の枕詞は「こもりくの」である。漢字で書くと「隠国の」となる。これは泊瀬の地形から来ている。この泊瀬の里は桜井市から東にまっすぐ山に入っていく地形になっていて、都のほうから見ると、山に囲まれて陰になっているという意味である。万葉集の歌を紹介しよう。

こもりくの泊瀬《はつせ》の山に照る月は
満ち欠けしけり人の常無き
(万葉集　巻七－一二七〇)

仁王門をくぐると、緩やかだが399段の石段が待っている

これは人の世の無常を詠んだ歌だが、泊瀬山は都の葬送の地であったことを示している。「こもりくの」が正式には「泊瀬」の枕詞だったのだが、それに準ずる形で、「長谷《ながたに》の」を使用したことがどうもあったらしい。万葉集では「長谷の泊瀬」といった歌は見つからなかったが、旋頭歌に次のようなものがある。

長谷《はつせ》の斎槻《ゆつき》が下にわが隠せる妻　茜《あかね》さし照れる月夜《つくよ》に人見てむかも
（万葉集　巻十一―二三五三）

親の承諾を得ていない隠妻《こもりづま》を槻の木（ケヤキの一種）に隠しているとの歌だが、かなりリアリティがあっておもしろい。

「泊瀬」がなぜ「長谷」と同じように扱われたかというと、この地域が「長い谷」になっているからである。奈良県は全体に盆地になっていて、平地から山地に直結しているところばかりだが、この泊瀬の谷だけは、一〇キロ近くも一直線に谷が続いている。その意味で「長谷《ながたに》の泊瀬」と呼ばれるようになったのは自然の成り行きだと言ってもいいだろう。

　このような経緯から、この地では「長谷」を「はせ」と読んでいる。全国に「長谷」地名は数知れずあるが、そのルーツはこの「初瀬」である。ちなみに「長谷寺」と呼ばれる寺は鎌倉の「長谷寺」をはじめとして全国に数多くあるが、その総本山がこの長谷寺である。

4 耳成（みみなし）　耳の形をした名山

近鉄大阪線「耳成駅」

「大和八木駅」の一つ東側の駅が「耳成駅」である。いうまでもなく、大和三山の一つ「耳成山」に由来する。駅からもその美しい姿を望むことができる。標高はわずか一四〇メートルで、山の形はまるで三角錐の形をしている。どちらから見ても三角形をした優雅な山である。トロイデ状をなしており、往古の火山活動によるものかもしれない。

「耳成」という地名は奈良時代からあった地名で、『日本書紀』の推古天皇九年には「夏五月《なつさつき》に、天皇《すめらみこと》、耳梨《みみなし》の行宮《かりみや》に居《ま》します。是《こ》の時《とき》に大雨《ひさめ》ふる。河《かは》の水漂蕩《みずただよ》ひて、宮《おお》庭《みや》に満《いは》めり」と書かれている。

ここでいう「耳梨」は「耳成」のことである。簡単にいうと、五月に天皇が耳梨の行宮に滞在されたが、大雨が降って川の水が溢《あふ》れ、行宮にまで浸水した、ということである。

「耳成」は「耳梨」とも「耳無」とも書かれ、山の名前としては「青萱山」「梔子《くちなし》山」とも呼ばれていた。

「耳成」の由来について説明しよう。まず疑問に思うのは、なぜ「耳成」「耳梨」「耳無」というようにコロコロ変わるのかという疑問である。これは、地名学的に答えるのはとても簡単である。

東京都葛飾区に「亀有」という地名がある。ご存知、秋本治の人気マンガ「こちら葛飾区亀有公園前派出所」の舞台になっているところである。ところが、この「亀有」実は江戸時代の初期までは「亀無」「亀梨」であった。それを正保元年（一六四

古代そのままの耳成山

四）に幕府が国図を作成するに当たって、「亀無」では縁起が悪いといって「亀有」に変えたのである。

そうすると、「耳成」「耳無」「耳梨」も「亀梨」「亀無」も同じ理屈で成り立っている地名ということになる。両者に共通する「なし」の意味は「……のような」という意味である。「なし」は否定の意味ではなく、接尾語の「なす」の変形である。つまり、名詞について「……に似ている」の意味である。例えば、「緑なす黒髪」といえば、「緑のような黒髪」ということになる。

その理屈でいけば、「亀なし」は「亀のような土地」という意味になり、「耳なし山」は「耳のような山」という意味になる。

これは、地名研究の中でも、かなり明確な結論であり、「耳成山」も間違いなく、耳の形をした山容から生まれたものと断定できる。

「耳成駅」から耳成山まで歩いてみた。一キロほどの距離だが、炎天下ということでえらく大変だった。三角錐の山は保護されており、荒らされた様子はないが、とにかく住宅が山の麓ぎりぎりまで押し寄せている。

山の上には「耳成山口神社」が祀られている。昼なお暗い山道を歩いていくと、千数百年の歴史が不気味に伝わってきた。

「青萱山」「梔子山」とも呼ばれていたのは、山全体に青い萱や、クチナシが繁茂していたことによる。

5 榛原（はいばら）　炭をおこして抵抗した坂

近鉄大阪線「榛原駅」

近鉄大阪線は「大阪上本町《うえほんまち》駅」を出て、奈良では「大和八木駅」を通り、さらに「桜井駅」を経由して初瀬の長谷をずっと東に入っていく。途中「長谷寺駅」を過ぎると、谷はますます深くなり、トンネルに入る。トンネルを出ると、そこはすでに宇《う》陀《だ》の榛原の里である。

「榛原駅」のホームに立ってみると、大阪行きの特急などが頻繁に出発していく。こんな奈良県の山の中でも大阪との交流は強いものがあると実感した。

トンネルの辺りが分水嶺で、宇陀市に入ると川は東に流れている。「榛原」の由来は「榛の木を切り開いて開拓したところ」だと見られている。「榛原」の「榛」とは「ハンノキ」のことで「榛の木」と表記している。カバノキ科の落葉高木で、高さは十数メートルにも達し、山野の湿地帯に自生するといわれている。

「榛」とは「ハリ」のことで、西日本では「ハリ」は「原」「治」とも書いて、「開墾」を意味している。したがって、この「榛原」の場合「榛」と「原」はいずれも「開墾」を意味しているが、そこに「榛」の「ハンノキ」が重なって、「榛の木を切り開いて開拓したところ」という意味になるのである。

ところで、この地で注目したいのは「墨坂」という地名である。現在の行政地名では「墨坂」は存在していないが、歴史上とても重要な意味を持っている。

「墨坂」という坂は、ちょうど、宇陀のほうから大和に入るときの峠にさしかかるところにあった坂だと思われる。

神武天皇が橿原《かしはら》宮に即位する前の話である。天皇が熊野から大和の地に入ろうとした際、この地に天皇に敵対する部族がいて、天皇の行く手を阻んだとされている。『日本書紀』では、次のように書かれている。

「九月《ながつき》の甲子《きのえね》の朔《ついたち》戊辰《つちのえたつのひ》に、天皇、彼《か》の菟田《うだ》の高倉山嶺《たかくらやまのいただき》に陟《のぼ》りて、域《くに》の中《うち》を膽望《おせ》りたまふ。時に、国見丘《くにみをか》の上《うへ》に則ち八十梟師《やそたける》、此をば多稽縷《たける》と云ふ。有り。又《また》女《め》坂《さか》に女軍《めのいくさ》を置《お》き、男坂《おさか》に男軍《をのいくさ》を置く。墨坂《すみさか》に焃炭《おこしずみ》を置けり。其の女坂・男坂・墨坂の号《な》は、此《これ》に由《よ》りて起《おこ》れり」

簡単にいうと、神武天皇の敵は女坂に女軍を、男坂に男軍を置き、さらに墨坂に炭を真っ赤におこして対抗したというのである。「炭」と「墨」は違うのではないかとも考えられるが、本質的な問題ではない。「墨」には「真っ黒なスス」といった意味もあるので、「炭」と「墨」はほぼ同一レベルで考えられていた。

墨坂神社はその墨坂に祀られていたのだが、安徳元年（一四四九）に現在の地に移されたという。現在の神社は宇田川沿いにあって、榛原駅から歩いても一〇分程度のところにある。

墨坂神社は鳥居から社殿まで朱色に塗られている。これはやはり炭で火をおこしたことにちなむのだろうかと考えながら参拝した。

ところが、そこでとんでもない事実を発見した。境内入り口の看板に、このようなことが書いてあるではないか。

「また新抄勅格符抄によれば天応元年（西暦七八一年）『墨坂神一戸信乃』と記されており、現在御分社として長野県須坂市に墨坂神社が二社ある」

これには思わず目が点になった。実は長野県長野市の東に位置する須坂市に「墨坂」という町名があり、その「墨坂」という地名が転訛して「須坂」という地名が生まれたことは当然のこととして知っていた。須坂市には「墨坂中学校」という学校もあり、かなり昔に、私自身はここで中学生を相手に授業をしたこともある。

だから、宇陀川沿いに墨坂神社に向かう途中、そういえば、墨坂という地名から須坂になったんだよな、何か関係あるのかなと、独り言を言いながら、神社に向かったのである。

それが、まさか本当に関係があるとは思いもしなかった。早速須坂市の墨坂神社を調べてみると、昔、大和の宇陀郡榛原から部族が移住し、この墨坂神社を遷宮したものだという。

すると、長野県の須坂市のルーツは榛原にあったことになる。須坂市の人々はこの事実をどれだけ知っているのだろう、と妙に考え込んでしまった。

奈良の都と地方を結ぶ一つのルートがここにあった！

長野県須坂市にも遷宮された墨坂神社

6 二上山（にじょうざん） 太陽の沈む雌雄の山

近鉄南大阪線「二上山駅」

近鉄線には二上山にちなむ駅名が三つある。近鉄大阪線に「二上駅」、近鉄南大阪線には、この「二上山駅」のほかに「二上神社口駅」がある。ここでは駅名の由来となっている「二上山」そのものの由来を説くことにしたい。

それにしても二上山という山は謎に満ちている。多くの歴史家がその謎を解こうと試みているが、いまだ明快な答えは出されていない。この山の麓に当麻寺《たいまでら》があるのだが、当麻寺のパンフレットに書かれた二上山を紹介しよう。

二上山（ふたかみやま）

それは神秘とロマンにつつまれた山である。この山は古代から信仰の山とされていた。奈良盆地の西に生駒、葛城の高い山並みが連なっているが、その中間に駱駝の背のような形のささやかな山がある。それが二上山で、山頂で河内と大和を分けている。河内の人はこの山をふたご山と親しんでいる。大和ではにじょうざんと呼んでいるが、古代人はこの山を「あめのふたかみ」といい、雄岳と雌岳の間を流れくる水を聖なる水と考えていた。奈良盆地に住む人たちは、東に朝日が登る三輪の神山を拝し、夕べには西に傾くあかね色の二上の美しい姿を拝して毎日を送ってきたのである。

「二上山」を現代では「にじょうざん」と呼んでいるが、古代万葉の時代には「ふたかみやま」と呼んでいた。後世、江戸時代になると「にじょうざん」と呼ばれるようになっていたようで、その点について本居宣長は『菅笠日記』の中で、「二かみ山は現在爾《に》じょうがだけと呼ばれているが、まことになげかわしい」と述べている。本居宣長は周知のように伊勢の松坂の出身で、この二上山にはとりわけ親近感を抱いていた。それはなぜかというと、伊勢と大和と難波を結ぶ街道沿いの峠に当たる地点にこの二上山は位置していたからである。

宣長はなぜ「にじょうざん」と呼ぶことを嘆いたかというと、「にじょう」では

「神」に関する意味が消えてしまうからであった。もともと、「二上山」は「二神山《ふたかみやま》」であった。写真でよくわかるように、雄岳《おだけ》（五一七メートル）と雌岳《めだけ》（四七四メートル）からなっている。古代人はこの二つの山を男女二体の神様として信仰していたということになる。

全国的に見ても、信仰の対象となっている山には多く男女二体の神様が祀られている。日光でも男体山《なんたいさん》（二四八四メートル）、女峰山《にょほうさん》（二四八三メートル）があり、茨城の筑波山《つくばさん》でも、男体山（八七一メートル）と女体山（八七七メートル）が鎮座している。この二上山の雄岳と雌岳の関係も全国的に見ればこの種の山の代表格といわれている。おもしろいのは、筑波山はわずかだが女体山のほうが高く、ここには天孫降臨の伝説が残されている。

さすがに、この二上山には天孫降臨の話はないが、先ほど述べたように、この山は伊勢・大和・難波を結ぶ古代の官道に位置している。それがこの山をさらに神秘的なものにしている。

二上山の南に竹内《たけのうち》街道という日本でも最古の官道といわれる街道が東西に走っている。三輪方面から畝傍《うねび》を通って大和高田市を通り、さらに長尾を経て竹内にいたる

ロマンを感じさせる二上山（右が雄岳、左が雌岳）

が、そこから街道を登って峠を越えると大阪府太子町に入る。太子町のあたりは昔から「飛鳥」と呼ばれてきたところで、大和の「飛鳥」を「遠つ飛鳥」と呼ぶのに対して「近つ飛鳥」と呼ばれてきた。「遠近」の尺度になったのは、いうまでもなく、難波から「近い」「遠い」という判断であった。

どう見ても不思議に思えるのは、聖徳太子の足取りや当時の天皇の墓がほとんどこの地に集中していることである。大和の「遠つ飛鳥」から二〇キロ以上も離れた河内国の「近つ飛鳥」になぜ大王たちを葬ったか、これはどう考えても謎である。ある歴史家は、「近つ飛鳥」は「遠つ飛鳥」のふるさとではなかったかと推測している。もし、それが正しいとなると、飛鳥文化、蘇我氏のルーツは河内国だったということになるが、果たして真相はいかに。これは古代史のロマンである。

聖徳太子をはじめ多くの大王はこの二上山を眺めながら、この峠を越えたに違いない。

さて、この地にはなぜか、相撲の伝承が伝えられている。垂仁《すいにん》天皇の御世のことである。当麻《たいま》の村に勇敢な男がいて、当麻蹶速《たいまのけはや》といった。本人は「どこに行っても自分の力にかなう者はいるまい」と豪語していた。そこで、天皇は「彼にかなう者がいるだろうか」と聞いたところ、一人の臣が進み出て、「出雲国に野見宿禰《のみのすくね》という勇士がいるので、取り組ませてみましょう」と申し出た。

そこで、早速二人の取り組みになったのだが、野見宿禰は当麻蹶速のあばら骨と腰を踏み砕いてついに殺してしまった。天皇は当麻蹶速の土地を没収して、野見宿禰に渡して、野見宿禰は天皇に仕えることになった、という話である。この当麻蹶速の墓は今も、当麻寺の駅の近くの道路わきに置かれている。

現地の人の話では、この地は我が国相撲の発祥地で、今でも大阪場所の際には、何人かのお相撲さんがお参りにくるとのこと。

この話はどうやら、神話の世界の延長だということがわかった。それは「二上神社口駅」から坂道をまっすぐ登っていった正面に鎮座する「二上神社」（ここは、「ふたかみじんじゃ」と呼んでいる）に行ったことがきっかけであった。この神社には「豊布都霊神（建御雷神）」と「大国御魂神」の二神が祀られている。境内には次のように説明がなされている。

豊布都霊神又の名を建御雷神と申して大国主命と国譲りの談合の結果、その御子、建御名方神と海辺で力比べの角力を取り、この難問を解決された神で、この角力は日本の名勝負の第一に挙げられています。現在武道体育の神として祭られています。

大国御魂神は建速佐男神の御孫で非常に温和な神で、専ら富国に努力され、星祭り、厄除けの神として祭られています。

この二神を総じて、文と武の神、縁むすびの神として、あがめられています。

この話は、見事なまでに、先に紹介した当麻蹶速と野見宿禰の話と一致している。ということは、この地はもしかして出雲の国譲りの伝説の地といえるかもしれない。

これもまた謎だ。

7 当麻寺（たいまでら）　蓮の糸で紡いだ曼荼羅

近鉄南大阪線「当麻寺駅」

「当麻寺」をなぜ「たいまでら」と読むのか。まず関西以外の人には読むこともできない。ふつうなら当然「とうまでら」であろう。

この地域は葛下郡《かつらぎのしものこおり》の七郷のうちの一つで、古代から「当麻」「當麻」という字が当てられていた。しかし、さらに前には「当岐麻」と書いて、「タギマ」と発音されていた。いわば、この地はもともと「当岐麻」であったものが「当麻」に転訛したと考えられている。

では「当岐麻」はどこから来たのかというと、「たぎたぎしい」という古語からきていると考えられる。「たぎたぎしい」とは古語で「でこぼこのあるさま」を指している。つまり、地形がでこぼこで歩きにくいといったところに由来すると考えていい。当麻寺は先に紹介した「二上山」の東の麓にあって、確かに道は険しいところにある。すぐ南に我が国で最初につくられた官道といわれる竹内街道があるが、これはなかなかの難所である。

当麻寺は用明《ようめい》天皇の皇子麻呂子《まろこ》親王が河内国交野《かたの》に建てた万法蔵院《まんぽうぞういん》に始まり、その役行者《えんのぎょうじゃ》ゆかりのこの地に移したといわれているが、謎の多い寺院である。

このお寺の変わっているところは、本尊が曼荼羅であることだ。普通の寺だったら仏像が本尊ということになっているが、この当麻寺では曼荼羅である。本堂に入ると正面に巨大な曼荼羅が掲げられているが、この曼荼羅そのものは後世作られたもので、それを納めている曼荼羅厨子というフレームそのものが国宝になっている。入れ物そのものが国宝というのはちょっと感激ものだ。もちろん、古来伝えられている曼荼羅も国宝だが、普段は見ることはできない。

さて、この曼荼羅にちなむドラマが当麻寺の最高の売りと言っていいだろう。長い話だが、かいつまんで話すと次のようになる。

藤原鎌足《かまたり》の孫に当たる豊成卿は学問・武術とも優れ、多くの人々の尊敬を集めていた。妻も絶世の美女として崇められていたが、なぜか子宝にめぐまれなかった。そ

東西の三重塔が美しい当麻寺（いずれも国宝）

こで初瀬の寺（長谷寺）にお参りして、何とか子どもが授かるように祈願したという。すると、夢の中に観音様が現れ、「一子を授けるが、お前たち夫婦のどちらかの寿命がなくなるが、それでもよいか」と問うたという。それでもよいと答えると、やがて妻は美しい姫を授かった。その姫は「中将姫」と呼ばれることになった。しかし、観音様のお告げのように、母親は中将姫が五歳のときに亡くなってしまう。ここから姫の悲劇が始まることになるのである。

美しく育った姫は、やがて父に再婚を勧め、新しい妻を娶《めと》ることになるのだが、継母はあまりにも美しく育った姫に嫉妬《しっと》し、ついには姫を殺そうとたくらむことになる。部下に殺させようとし、毒を飲ませようとするがいずれも失敗する。ついには父をたぶらかし、父に殺させようとまでする。

また、ある男に姫を呼び出させ、首を取ってくるよう指示するのだが、男はけなげな姫を見るにつけ、ついに殺すことはできなかった。すると、別の女性が「私が身代わりになります」といって、代わりに命を絶つといったおぞましい話に発展する。

結局、姫は宇陀の山中に身を潜めて暮らすことになるが、あるとき偶然に父と再会し、感涙にむせぶことになる。しかし、姫は出家を心に決め、当麻寺に入ってハスの糸で曼荼羅を紡ぎ、お寺に奉納した。それが当麻寺の曼荼羅だというのである。

毎年五月一四日には、「練供養」として、西方極楽浄土を意味する曼荼羅堂から現世を意味する娑婆堂まで二十五菩薩が中将姫を迎えに行くという行事を行っている。

これは浄土宗の行事だが、この当麻寺は真言と浄土の両宗並立となっている。これも珍しい。

8 御所（ごせ）　三室山の転訛

近鉄御所線「近鉄御所駅」　ＪＲ和歌山線「御所駅」

「御所」と書いて「ごせ」と読む。なぜだろう。どう考えても「ごしょ」だろう、と言いたくなるのが正直な気持ちだ。この地の産物と言えば、「御所柿」がある。これは江戸時代にはかなり有名になっていたらしく、全国に広がっていた。そこからこの地で取れた柿を京都御所に献上したので、そこから「御所」という地名が生まれたといった俗説も生まれることになる。

「御所」という地名は平安遷都の前から存在する地名なので、平安以前のさらに古い歴史が隠されている。

この地には「巨勢氏《こせ》」が勢力を持っていた歴史的事実があり、その「巨勢」が「御所」に転訛したという説、またこの地には孝昭《こうしょう》天皇陵もあって、ここが「御所」であったことにちなむという説など、ここ「御所」地名については確たる説は成立していない。

その中で、最も信憑性の高い説は、やはり『御所市史』に載せられている説である。

「近鉄御所駅」とJRの「御所駅」はほとんど隣り合わせのような位置関係にあるが、そこからちょうど南の方を見ると「三室山」という小さな山が見える。ここには第五代孝昭天皇の陵も置かれている。この「三室山」はもともと「御室山」のことで、いわゆる「神奈備山」である。

「神奈備山」とは神の鎮座する山のことで、「御室」と書いて、「おむろ」とも「みむろ」とも読む。大和で最も有名な「三輪山」も「御室山」であった。当地の町名は今も「三室」であり、その信仰のあとを残している。市史によれば、嘉永六年（一八五

「御所」の語源となった三室山

三）の『西国三十三所名所図会』にも「山上に天皇社拝殿瑞籬、外の廻菱垣などあり」とし、祭場を意味する瑞垣をめぐらしていたという。

この「三室」に「御諸」の文字を用い、この「御諸」を「ごせ」と読み、やがてその「御諸」が「御所」に転じたのではないかと推測している。つまり、

「三室」→「御室」→「御諸」→「御所」

と転訛し、その読み方から「みむろ」から「ごせ」に転訛したのではないかと説明している。地名研究の立場で見ても、この解釈がいちばん納得できる。少なくとも「御所」があって、そこから直接できたということではなさそうだ。

9 岡寺（おかでら） インド・中国風の如意輪観音

近鉄吉野線「岡寺駅」

ターミナル駅の「橿原神宮前駅」から吉野線に乗り換えて一つ目が「岡寺駅」であ

る。その次は「飛鳥駅」で、多くの観光客はその「飛鳥駅」で降りる。「岡寺駅」は飛鳥地域の拠点の一つではあるが、駅前にはバス停もタクシー乗り場もない。ひどく寂しい駅である。

まず「岡寺」の読み方である。関東風に言えば「お**か**でら」と「か」にアクセントを置いて読んでしまうが、正式には「**お**かでら」のように、「お」にアクセントを置いて読む。どこにアクセントを置いて読むかは文献では見極めることは無理で、やはり現地の人の発音を聞いてみるしかない。これぞ地名研究の第一歩である。

この駅名はもちろん、ここにある「岡寺」というお寺に由来している。この寺の名前は単にこの地の地名である「岡」に「寺」がついているだけのことだ。コラムで紹介しているように、奈良には「〇〇寺《でら》」と呼ばれる寺がことのほか多い。この場合、ほとんどが「〇〇」は地名である。「飛鳥寺」しかり、「橘寺」しかりである。これはその土地にある寺というだけで、誰もが認知していたことを意味している（詳しくはコラム3を参照）。

岡寺は文字通り、高市郡明日香村岡に所在している。岡寺前のバス停からかなり急な坂を数分上っていくと、やがて仁王門に出る。そこから階段を上ると、そこは西国三十三カ所めぐりの第七番札所の境内である。

けさみれば露岡寺の庭のこけ
　　さながら瑠璃の光なりけり

ご詠歌ではこのように詠っているが、確かに境内は瑠璃の光のように、青く光っているような気がする。創建は、天智天皇二年（六六三）草壁《くさかべ》皇子が住んでいた岡の宮を仏教道場に改め、それを義淵《ぎえん》僧正に下賜したことに始まるという。当時、この地の近くに農地を荒らす悪龍がいたが、僧正はこの龍を法力によって小池に封じ込め、大石で蓋をした。そこで、この寺の寺号は「龍蓋寺《りゅうがいじ》」と呼ぶようになったという。今でも、龍を封じ込めたというお池が残されている。

さて、岡寺の見所はやはり本尊の如意輪観音像である。これは他の寺院では見られない仏像で必見。なぜかといえば、坐像で高さ四・八五メートルという大きさもさることながら、色が白っぽい塑像だということだからである。塑像というのは、粘土にすさ（藁屑や糸屑など）を混ぜて、これを心木に打ちつけて造形したもので、中国で

瑠璃色に光る岡寺

は仏教伝来以前から行われていた造像の手法であった。我が国に伝えられたのは奈良時代で、東大寺法華堂の日光、月光像、戒壇院《かいだんいん》の四天王像、法隆寺中門仁王像、当麻寺の弥勒菩薩像などが今に残る代表作だが、その後に続く本観音像は弘法《こうぼう》大師の傑作とされている。

この観音像を有名にしたのは、その色である。この像はインド・中国・日本の三国の土で作ったものといわれており、その色彩がインド・中国的な雰囲気をかもし出している。

こんな歴史を知って、厄除け祈願に行けば、ご利益も倍増しようというもの。

10 壺阪山（つぼさかやま）眼病封じの名刹

近鉄吉野線「壺阪山駅」

近鉄「飛鳥駅」まではとても多くの観光客が押し寄せるのだが、その隣の「壺阪山駅」となると、降りる客もまばらだ。ここは飛鳥から吉野に至る街道筋にあり、かの有名な壺阪寺に参拝する駅である。とはいっても、壺阪寺に行くバスは一時間に一本程度しかない。しかも、歩いていける距離ではない。

街道筋からなおもかなり山の奥に上っていくと、ようやく壺阪寺に着く。古くは「壺坂寺」と表記していたそうだが、途中で「壺阪寺」と改称している。それはあたかも、「大坂」を「大阪」に変えた歴史的な事情と符合している。現在の「大阪」は江戸時代までは「大坂」と書いた。それを「大阪」に変えたのは、「坂」という文字が、「反る」「土に返る」といった意味を持っているからであった。縁起がよくないとして、「坂」を「阪」に変えて、今日に至っている。「壺阪」も同様で、中世までは「壺坂」だったのだが、明治に入ってからは「壺阪」に変えている。

ところで、この「壺阪」という名前はどのように生まれたのだろうか。一三〇〇年以上も前の大宝三年（七〇三）のこと、弁基上人がこの山で修行していたところ、愛用の水晶の壺を坂の上の庵に納め、そこで感得した像を刻んで祀ったのが始まりだという。西国三十三カ所めぐりの第六番札所としても知られ、養老元年（七一七）元正天皇により八角円堂が建てられ、南法華寺の寺号を賜ったという。

本尊の十一面千手観世音菩薩は眼病に霊験あらたかな観音様として知られ、広く信仰を集めてきた。

とにかく、この壺阪寺は普通の寺院とは一風変わっている。「眼病封じの寺」として、眼病封じの祈願をしているのは当然のことだが、礼堂、三重塔に向かう石段のふもとに、

お参りありがとうございます。
お身体の不自由な方はこのリフトで階段を上ってください。
この階段のあとは、本堂までなだらかな坂道があります。

という看板が目に入った。いわば障害者向けのバリアフリーである。全国のお寺を回っているが、バリアフリーのお寺は初めて見た感じがする。

それもそのはず、この寺は視覚障害者にとっては救いの寺なのである。明治の頃、失明回復祈願にまつわる浄瑠璃「壺阪霊験記《つぼさかれいげんき》」が評判になり、寺への信仰も広まった

バリアフリーの階段がある壺阪寺

という。その話は次のようなものだ。

三百年以上も前のこと。座頭の沢市《たくいち》は三つ違いの女房お里と貧しいながらも仲むつまじく暮らしていた。

ところが、そんな沢市にひそかな不安が生まれていた。それは明けの七つ（午前四時）になると、お里が毎日床を抜け出していたからだ。よもや別に男ができたかもしれぬと問いただすと、お里は「お前さんの目が治るように、この三年間壺阪寺の観音様にお参りに行っておりました」と答えた。

自分を恥じた沢市は、盲目のために女房に迷惑をかけてきたとして、お里を実家に帰して自由にさせようと考えた。そして沢市は身を投げてしまうのだった。気づいたお里も後を追って身を投げてしまう。

ところが、この切ない夫婦愛が観音様の霊験により奇跡を起こし、沢市とお里の命は助かり、沢市の目が開眼した。

本堂の横には、沢市とお里が身を投げたという投身の谷と言い伝えられている谷が今もある。明治期には浪曲で一世を風靡し、「妻は夫を労りつ、夫は妻を慕いつつ」というフレーズは流行語になったという。

また本堂の中には、沢市が使っていた杖が残されており、それに触ると夫婦円満になると伝えられている。

境内の一角に宿泊施設のようなものが見えたので確認してみると、「養護盲老人ホーム　慈母園」で、昭和三六年より盲老人福祉事業を行っているという。世の中には単に遺産のみで観光客を集めている寺院が多い中で、実質的な宗教活動を実行している信頼感のあるお寺だ。

コラム3 なぜ奈良には「○○寺《でら》」と呼ばれる寺が多いのか

世の中の寺院の名前は、そのほとんどが「○○寺《じ》」である。京都でいえば広隆《こうりゅう》寺《じ》、延暦寺《えんりゃくじ》、醍醐寺《だいごじ》、仁和寺《にんなじ》、大徳寺《だいとくじ》、東本願寺《ひがしほんがんじ》、西本願寺《にしほんがんじ》、大阪で四天王寺《してんのうじ》など、ほとんどが「○○寺《じ》」である。

それに対して、奈良には「○○寺《でら》」というお寺が多い。飛鳥では「飛鳥寺《あすかでら》」「橘寺《たちばなでら》」「岡寺《おかでら》」、ちょっと吉野寄りに行くと「壺阪寺《つぼさかでら》」、東に入ると「長谷寺《はせでら》」、西に行くと「当麻寺《たいまでら》」がある。いずれも平安遷都以前に栄えたところにあるのが特徴だ。そういえばそうだと思い当たる人も多いはずである。いったい、これは何を意味するか。

仏教は六世紀の中ごろ、百済《くだら》から伝えられたといわれる。当時の都は現在の飛鳥から大神神社にかけて置かれていた。我が国で最も早く仏教を受け入れたところである。

この時期のお寺につく「○○」に相当する部分は地名である。「飛鳥の寺」が「飛鳥寺」になり、「岡」にある寺が「岡寺」になり、「当麻」にある寺が「当麻寺」にな

ったのである。当時にあっては、ある地点にある寺というだけで十分だったのである、

ところが、やがて仏教が広まっていき、複数の寺ができるようになると、相互に識別する必要に迫られる。そこで、今度は地名ではなく、仏教の法語などから寺の名前をつけるようになる。「法隆寺《ほうりゅうじ》」「東大寺《とうだいじ》」「興福寺《こうふくじ》」「薬師寺《やくしじ》」「唐招提寺《とうしょうだいじ》」など、それぞれの宗派や特性を出すようになる。

この傾向は平城京から顕著で、平安遷都以降になると、全国的に「〇〇寺」が一般的になる。特に鎌倉以降は宗派の違いも顕著になり、寺号だけで何宗かがわかるようにさえなった。

京都では例外的に「清水寺《きよみずでら》」がある。これはやはり地形に由来すると考えられており、法語とは無縁である。

こんなことを考えながら奈良を歩いてみると、その深さが実感できる。

11 生駒（いこま）本当は「往馬」？

近鉄奈良線・近鉄生駒線「生駒駅」

「生駒」といえば、奈良県にとってはとても重要な地名である。近鉄奈良線でトンネルを抜けて最初に出るのが「生駒駅」だし、ここから南へは生駒線が「王寺駅」まで延びている。現在の生駒市の中心街は生駒聖天・宝山寺《ほうざんじ》の門前町として発展してきているが、古代においては当時の有力豪族であった平群《へぐり》氏の領地であった。その中心地は今の中心街からさらに南の地域であった。

この「生駒」という地名は、奈良県にとって重要であるにもかかわらず、その意味の解明はほとんど進んでいないのが現状だ。奈良県の地名研究の先達の間でも意見が分かれている。池田末則氏は「イ」（接頭語）＋「コマ」（隅・隈）説をとる。つまり、この地は県の西北部に位置していて、「隅」のほうに当たるというのである（『奈良の地名由来辞典』）。

それに対して、吉田茂樹氏は「イクマ（育馬）」説をとっている。すなわち、子馬を放牧し、飼育した所と見ている（『日本地名大事典』）。

しかし、いずれも詳しい説明がなされているわけではない。私の立場は吉田氏に近く、やはり「馬」にちなんだ地名ではないかと考えている。

記紀では「胆駒」、万葉集には「生駒」「射駒」とあり、いずれも「駒」がベースになっている。日本には動物にちなんだ地名が数多くあるが、その中でも「駒」に関する地名はそのほとんどが「馬」にちなんでいる。「熊」に関するものは、動物の「熊」ではなく、「隈」（暗い陰の所）や「曲」（曲流）などに由来することが多いが、「駒」はそれとは大きく異なっている。

全国に「駒ケ岳」という山はたくさんあるが、それは基本的に山容が「駒」に見えるところからつけられている。ちなみに「駒」とは「小さな馬（小馬）」という意味である。また東京にも「駒場」「駒沢」など駒にちなんだ地名はいくつも存在している。それだけ、日本人の生活にとって馬は重要な役割を果たしてきたということだ。

さて、私が生駒が馬にちなんでいると確信したのは、生駒山の真東の麓に鎮座している「往馬大社」を訪れたときである。往馬神社は近鉄生駒線の「一分《いちぶ》駅」から歩いて五分もかからないところにある。この神社、何と「往馬大社」と書いて「いこまたいしゃ」と呼んでいる。「往馬」で「いこま」なら、これはそのまま「生駒」につながると考えた。

「往馬大社」は正式には「往馬《いこま》坐《にいます》伊古麻都比古《いこまつひこ》神社」という。意味は「往馬にいらっしゃるイコマツヒコの神社」ということになる。この「往馬」というのは、明らかに地名である。つまり、往古の昔は、この地は「往馬《いこま》」と呼ばれていたという証である。

祭神としては神功《じんぐう》皇后、仲哀《ちゅうあい》天皇、応神《おうじん》天皇なども祀られているが、あくまでも次の二神である。

伊古麻都比古神《いこまつひこのかみ》
伊古麻都比売神《いこまつひめのかみ》

この二神は「産土大神《うぶすなのおおかみ》」であり、古くからこの地を護ってきたと考えられる。

まず神社に行ってみてびっくりしたのは、鳥居の右に置かれている石燈籠に「生馬大明神」と彫られていることだった。その奥を見ると「生馬社」さらには「生駒社」とも彫られている。とにかくこの神社には数えきれないほどの石燈籠が安置されてい

真ん中に馬（駒）の絵がある

る。

この神社では「往馬」も「生馬」も「生駒」もすべて同じなのである。もちろん「馬」「駒」がすべてのベースになっている。

神社の方に声をかけて聞いてみると、これを見てほしい、と私を社殿の隅に連れていってくれた。そこで、私は思わず「あっ！」と声をあげた。その燈籠には何と、

「生○宮」

という文字と絵が彫られていた。179ページの写真でご覧いただけるように、真ん中の○の部分には「馬（駒）」の絵が彫られているではないか！

この神社は生駒山の真東にあって、生駒地区にとっては最も重要な位置を占める神社である。その神社にこのような文字と絵が刻まれていることにはやはり重要な意味があるといえる。

結論的にいえば、「生駒」は「往馬」が本来の意味であった可能性が高い。生駒山を越えたかどうかは別にして、「馬で往《い》く」ことにちなんだ地名であることは間違いあるまい。それが「生馬」「生駒」と変わってきたのであろう。

12 一分（いちぶ）　荘園を分割したところから

近鉄生駒線「一分駅」

これも面白い駅名である。「分」のつく地名としては「国分寺」があるが、これは天平一三年（七四一）、聖武天皇の勅願により、国ごとにつくられた官寺を指している。正式には僧寺は金光明四天王護国之寺といい、その総元締めはもちろん東大寺。尼寺を法華滅罪之寺といい、その元締めは法華寺であった。

国分寺はいわば、国ごとに「分けられて」つくられたという意味だが、この「一分」というのは、いったいどういう意味なのだろう。数字を用いて「分」をつけるという例はほとんど見られないので、ますます興味が湧いてくる。

駅名の「一分」は「いちぶ」と読む。ところが、町を歩いて表示を見ると「壱分町」となっている。小学校名も幼稚園名も「壱分」である。

歴史的にみると、室町時代には「一分」と書かれ、江戸時代から明治中期の町村合併までは「壱分村」と表記されている。

実はこの「一分駅」は「生駒」で述べた「往馬神社」に行くために降りた駅であった。往馬神社の社務所でこの「一分」の由来を聞いたところ、はっきりしたことはわからないという。

ところが、奥さんが、そういえば、この間回ってきた資料にこんなことが書いてありましたよ、と言って、冊子のコピーを渡してくれた。そこには、次のように書いてあった。

「中世の生駒谷には、『生馬荘』という荘園がありました。その生馬荘は三分され、3分の2の二分方は生馬上荘、3分の1の一分方は生馬下荘と呼ばれたそうです。その一分方では『壱分』という地名が残り、その壱分町に『生駒高校』が建っています」

なるほどと合点した。荘園を三つに分割し、三分の一のほうを「一分」としたというのである。「一部」とはまったく異なった意味であることに納得。

ちなみに、生駒高校は昭和三八年に設立された高校で、その所在地は、

生駒市壱分町532-1

となっている。

13 信貴山下（しぎさんした）　毘沙門天王の総本山

近鉄生駒線「信貴山下駅」

国宝「信貴山縁起絵巻」といえば、誰もが一度くらいは聞いたことがあるはず。日本史の教科書には必ず出てくるもので、内容は知らないまでも、そんなことがあったなあと、多くの人の記憶の片隅にあるはずである。

生駒駅と王寺駅を結ぶ生駒線もなかなか変化があって楽しい路線である。この辺一帯は昔平群氏一族が勢力を持っていたところで、古代から「平群郡《へぐりのこおり》」として知られていた。王寺駅の隣の駅が「信貴山下」である。駅を降りるとまっすぐな坂道がどこまでも続いている。とても歩いて上れる坂ではないと思うのだが、両脇には高級住宅が続いている。

車で一五分以上も上ってようやく信貴山に到着する。一般には「信貴山」と呼ばれているが、正式な寺号は「信貴山　朝護孫子寺《ちょうごそんしじ》」という。これは知らなかった。なぜこんな不思議な名前がついたかは後で述べる。

草創の由来は、聖徳太子の時代にさかのぼる。用明二年（五八七）、物部守屋《もののべのもりや》を討伐するために飛鳥から河内稲村城に向かう途中、ここに寄って戦勝を祈願したとき、天空遥かに毘沙門天が現れ秘策を授け、その結果太子は無事守屋を討ち果たすことができたという。

その日はあたかも寅年、寅日、寅の刻であった。太子は感謝の気持ちから伽藍を創建して毘沙門天王を勧請して、「信ずべし、貴ぶべき山」として「信貴山」と名づけたのだと伝えられる。

しかし、その後は衰退の一途をたどり、再びその勢いを得るには平安時代まで待つしかなかった。平安時代の半ば、延喜二年（九〇二）、信貴山は命蓮《みょうれん》上人の力によって再建された。この時期に先ほど紹介した「朝護孫子寺」という寺号が成立したとされている。霊宝館の資料によると、それは次のような話だという。

醍醐天皇（八八五〜九三〇）が病に倒れたとき、信濃国の命蓮上人の祈願で病がな

毘沙門天王の幟《のぼり》が続く

おったという。喜んだ醍醐天皇は、当山を「朝廟安穏《ちょうびょうあんのん》」「守護国土《しゅごこくど》」「子孫長久《しそんちょうきゅう》」の祈願所としてこの「朝護孫子寺」という寺号を決めたのだという。つまり、国の祭りごと（政治）の安穏と、国土の守護、子孫の繁栄を祈願する場所として、この信貴山を指定したとのことである。

国宝の「信貴山縁起絵巻」とは、文字通り信貴山の「縁起」を絵巻にしたものである。受験生は「しぎさんえんぎえまき」と単に記憶しているにすぎないケースが多いのだが、「えんぎ」とはまさに「縁起」なのだから、この寺にまつわる話が絵巻になっていると考えればいい。霊宝館には写しが置かれているのだが、それでもこれは必見である。ほとんど言葉はなく、見事な絵でストーリーを描き出している。

内容的には、「飛倉巻」「延喜加持巻」「尼公巻」の三つによって成り立っているが、個人的には「尼公巻」に興味を惹かれた。命蓮は信濃国の出身なのだが、田舎に姉を残してきていた。姉は行方不明になっている弟を捜しに大和までくるのだが、ようとして行方が知れない。東大寺の大仏殿で祈り続けた結果、信貴山方面にいることがわかり、年老いた姉と弟との感動的な再会になるというストーリーである。

こんな感動的な話を日本史の授業でしてくれたら、高校生もこの「信貴山縁起絵巻」のことがわかろうというものである。

毘沙門天王を本尊にしている本堂は惜しくも昭和二六年の火災によって消失し、現在の建物は昭和三三年に再建したものである。ふと見上げると、本堂の正面に掛けてある扁額《へんがく》の「毘沙門天王」という文字の両側に大きなムカデが描かれている。どうしてなのかと尋ねると、ムカデは「御足」がたくさんあるので「御銭《おあし》」が儲かるようにという縁起なのだそうだ。これはこれで現実的でおもしろい。

信貴山は大和と河内の国境にあって、河内側にもケーブルカーで接続している。山はあるものの、河内と大和の交流は密なものがある。それが関西なのだと強く思う。

14 京終（きょうばて）　都の果てを意味する

JR桜井線「京終駅」

誤解を招きやすい駅名ではある。まず素朴に考えると「京都の果て」なの？　と勘違いしてしまう。「京の果て」なのだが、もちろん「京都の果て」ではなく、「奈良の都の果て」なのである。「京」というのは「みやこ」を指しているが、もともと「みやこ」は「宮処《みやこ》」であった。つまり、宮殿がある場所を意味していたのである。だから、この場合の「京」は平城京を意味していた。

この「終」は音で「シュウ」、訓では「おえる」「おわる」「ついに」とは読むが、「はて」「ばて」とは読まない。この場合の「バテ」は「果て」から来ていると考えられる。「果て」は「果てる」から来ているが、もちろん「終わる」「尽きる」を意味している、そのほかに「行き着く最後の所」「一番はし」の意味がある。「京終」の場合、この意味である。「果て」が「終」という言葉に転訛したのである。

このような例は京都の「京極」という地名にも当てはまる。「京極」というのは古代の都の四方の縁辺部を意味する言葉である。特に平安京の場合は東西の両端を意味していた。阪急京都本線に「西京極駅」があるが、それはその名残である。今は明確ではないが、平安京には「東京極大路」と「西京極大路」があって都の東西を固めていたのである。

よくよく考えてみれば、「京極」という言葉も「京の極み」であるから、「京の果て」なのである。観光客は「新京極」に殺到し、そのために「京極」というのは「京でも最も賑やかな中心地」だと考えているが、それは大いなる錯覚というものである。この中心街は「新・京極」であって、「京極」ではないのである。本来の京極は都の外れにあったのである。

さて、「京終」という地名はいつ頃から見られるかというと、鎌倉時代からである。当時は「京終郷」と呼ばれていた。近世になって「京終町」「京終村」になって奈良町の南限に当たっていた。

現在の奈良市の町名には、次の四つがある。

北京終町《きたきょうばてちょう》
南京終町《みなみきょうばてちょう》
京終地方西側町《きょうばてじかたにしがわちょう》
京終地方東側町《きょうばてじかたひがしがわちょう》

後の二つはすでに江戸期に見られ、京終地区の東西を固めていた。この地区はちょうどJRの「京終駅」の周辺で、奈良の街並みの範囲は昔も今もそう変わらないのだな、と感じさせてくれる。

15 帯解（おびとけ）安産を祈る「腹帯」地蔵から

JR桜井線「帯解駅」

　奈良県下のJRの駅はそのほとんどが無人駅と化している。もともとはかなり多くの客が利用していたらしく、駅舎はそれぞれ立派なのだが、何せ人がいない。これは外部の人間から見ると、かなり意外な事実である。

「帯解駅」という一風変わった駅名は駅のすぐ近くにある「帯解寺《おびとけでら》」に由来している。そう大きな寺ではないが、安産祈願の寺として全国的な信仰を集めている。授かった子どもを無事生みたいと考えるのは当たり前だが、やはり不安は大きく、何かにすがりたいと思ってしまう。それは時代を超えた真実なのだと思う。若い夫婦にとってはかけがえのないお寺である。

　寺伝によると、空海の師に当たる勤繰の開基とされ、天安二年（八五八）文徳《もんとく》天皇が子宝にめぐまれず、この寺院に祈願したところ、無事清和《せいわ》天皇を授かったことから

親の切なる願いが伝わってくる

地蔵堂を建立し、寺名を「帯解寺」にしたという。

本尊は地蔵菩薩像で国の重要文化財に指定されている。お寺の本尊としてお地蔵さんが座るのはあまり例がないことで、それだけに庶民の切なる願いを受け止めてくれる温かさが感じられるお寺である。鎌倉時代の作で、高さは一八二・六センチもある。ふくよかな顔をした坐像で、お腹には微妙に腹帯のようなものが見える。

「帯解」というのは、一般的に子どもの付け紐をやめて普通の帯を使い始める儀式をいうのだが、このお寺の場合は「腹帯」を解くといった意味である。帯解寺の資料にも、この本尊は「腹帯地蔵」と呼ばれてきたことが記されている。

歴史をさかのぼってみると、徳川三代将軍家光《いえみつ》公にも子どもがなく、祈願したところ、無事竹千代丸（四代将軍家綱《いえつな》公）を授かったという。

最近では昭和三四年、美智子《みちこ》妃殿下（現皇后）ご懐妊に際して、安産岩田帯と御守りを献納し、その折「この度のおめでたに際して御所としては、全国二〇〇カ所の神社仏閣（安産霊場）の中から、皇室と深い帯解寺と香椎宮とを選びました」とのお言葉をいただいたといわれている。

訪れた日はあたかも、帯解子安地蔵大会式の準備の日で、多くの参拝者が安産祈願のため、腹帯等を求めていた。

16 三輪（みわ）　謎につつまれた日本最古の神社

ＪＲ桜井線「三輪駅」

京都でいつも情報提供に協力いただいているお店「レッドストーン」のママの名前が山田美輪子さんという。彼女から聞いたところによると、親が奈良の「三輪山《みわやま》」の名前にあやかって命名したとのこと。それほど京都・奈良方面では「三輪山」の名前は神々しいのである。

もちろん、「三輪さん」という苗字の人は多い。私の友人にも教え子にも「三輪さん」はいた。この「三輪駅」はそのような三輪一族にも関係がありそうなのだ。

大和を代表する秀麗な三輪山は標高四六七メートルで大和盆地ではひときわ目立つ神の山である。その西の麓に「大神《おおみわ》神社」が鎮座する。大和国一宮であり、古い神社があまたある中で抜群の存在感を示している。駅から歩いても数分で神社の入り口に着く。薄暗い参道をしばらく行くと拝殿に到着する。

不思議なことにこの神社には本殿がなく、拝殿裏の三ツ鳥居（三輪鳥居）を通して直接神である三輪山を拝する形になっている。簡単にいえば、山全体がご神体で、山には勝手に入ることは許されていない。我が国に神社という形ができる以前の信仰形態をそのまま持ち続けているということで、たぶん我が国では最古の神社といわれている。

主神は「大物主大神《おおものぬしのおおかみ》」であり、大己貴《おおなむち》（大国主）神と少彦名神《すくなびこなのかみ》を配祀している。おもしろいのは出雲の大国主神を引き込んでいることである。神話の世界では、出雲の大国主神は国譲りで国づくりに協力していくことになるのだが、この大神神社にはその痕跡があるということである。

この神社には、麻糸で結ばれた神と女という伝承が残っている。

その昔、活玉依毘女《いくたまよりひめ》という美しい姫がいた。その姫のもとに夜毎類まれなる美男子が訪れ、朝帰っていった。まだどれほどの時も重ねないのに、姫は妊娠した。両

社殿の前に三つの輪が祀られていた

親は「お前は結婚もしてないのに、どのようにして身ごもったのか」と問いただすと、姫は「名は知りませんが、麗しい男が夜な夜な来て、自然に身ごもりました」と言った。両親はその男を知りたいと思い、「赤土を床の前にまき散らし、糸巻きに巻いた麻糸を針に通し、その針を男の衣の裾に通しなさい」と言った。

娘は父母に言われたとおりにして翌朝見てみると、針につけた麻は戸の鍵穴から外に出ており、残っているのは三勾（三巻）の麻のみであった。そこで、麻糸をたどりながら行くと、三輪山の神社の前で止まっていた。そこで、姫のお腹の子どもは神の子だということがわかった。また、麻が三勾残っていたので、その地を三輪（美和）と呼ぶことになった。

この話から、この神社にまつわる豪族には麻の生産に携わっていたことが推測される。そして、この伝承から「三輪」の地名の由来をうかがうことができる。

大神神社の神は通常「蛇」だということになっている。これも人物を神とする以前からの自然崇拝によるものであろう。いわば、大和の地は蛇信仰によって支配されているといってもよさそうなのである。

先ほど紹介した話は『古事記』に書かれたものだが、次に紹介するのは『日本書紀』によるものである。

倭迹々日百襲姫《やまとととびももそひめ》が大物主神の妻になった。しかし、その神は昼来ずに夜だけ来るのだった。そこで、姫は「あなたはいつも昼はおみえになりませんので、お顔を見ることができません。どうか、もう少しここに留まってください。朝になったら美しいお顔を拝見しとうございます」と言った。神は「もっともなことだ。明日の朝、あなたの櫛箱のなかに入っていよう。どうか驚かないように」と言ったので、姫は不審に思うのだった。

夜が明けて姫が櫛箱を開けてみると、まことに麗しい小蛇《こおろち》が入っていた。その長さ太さは衣紐《したひも》ほどであった。姫が驚いて悲鳴を上げたとたん、その蛇は立派な若者に変身し、「お前は私に恥をかかせた。今度はお前に恥ずかしい思いをさせよう」と言うと、大空を飛ぶように御諸山（三輪山）に帰っていってしまった。

姫は空を仰ぎ見て悔い、どすんと座り込んだとき、箸《はし》で陰部を突いて死んでしまった。姫は大市に葬られたが、その墓を名づけて「箸墓《はしはか》」と呼んだ。

この箸墓は今日まで残されている箸墓古墳だとのことである。箸で陰部をついて死んだというあたりには、多くの憶測があるが、それについては割愛する。

この大神神社にはまだまだ謎がいっぱいだ。例えば、「三輪山」に関する枕詞は「甘酒《うまざけ》」である。『和名抄』では「神酒《うまざけ》」と書いて「美和」と読ませている。「神酒」とは先のとがった容器に入れた味酒で、容器を含めた酒なのだという説もある。それに対して「御酒《みき》」とは、液体そのものを指すのだという。

いずれにしても、酒の醸造にも関係してくるとなると、渡来系の人々の影響があったということは事実だろう。

この地はいわゆる「三輪そうめん」で有名なところだが、なぜこのような細い麺を作ったかというと、大物主神にまつわる苧環《おだまき》伝説を後世に伝えようとしたとのこと。麻が細く大神神社まで届いていたという伝説によるものだという。

17 香久山（かぐやま）　万葉集に詠まれたかぐわしい山

JR桜井線「香久山駅」

大和三山で知られた「天香具山」にちなむことは言うまでもない。香具山は古来「高山」「賀久山」「香久山」などと書かれてきたが、今は「天香具山《あめのかぐやま》」というのが一般的になっている。駅名は「香久山」となっているが、深い意味があるわけではない。大和三山（畝傍山、耳成山、天香具山）のひとつで、一五二メートルある。一五二メートルといっても、奈良盆地自体一〇〇メートル程度の標高があるので、実際は五〇メートルほどの山なのである。

意味としては、「かぐわしい山」と解釈するのが最も適当であろう。「神の山」という説もあるが、この場合は「かぐわしい」説のほうが信憑性が高い。

この「香具山」には「天《あめの》」という言葉がついている。それはなぜだろう。実際に「香具山」の枕詞は「天降《あも》りつく」である。どうしても「天から降ってきた」ことを強調したいらしいのだ。

『古事記』の神代巻に、多くの島を生んだ伊邪那岐《いざなぎ》・伊邪那美《いざなみ》の二神のことが書かれている。

伊邪那美神は、最後に火の神をお生みになって亡くなってしまった。最愛の妻を亡くした伊邪那神岐は妻の枕元に腹ばい、足元に這い回って泣いたという。その涙が神となって「香山《かぐやま》の畝尾《うねお》の木本《このもと》」に祀ったという。その神を「泣沢女《なきさわめ》の神」と呼んだ。もともと、香具山は涙の神によって祀られたといってもいいのだろう。「天から降ってきた」というのは、日本の島々を生んだ伊邪那美神の涙だったのかもしれない。

そんなわけで、大和三山の中では、香具山はひときわ女性的で、優美さを誇っている。そんな印象があるのか、万葉集ではこの香具山はひんぱんに登場する。その代表作がこれだ。

春過ぎて夏来《き》たるらし白たへの
　衣《ころも》ほしたり天《あめ》の香具山　（万葉集　巻一－二八）

藤原京跡近くから見た香具山（手前の山）

この歌は日本国民ならば、誰でもいちどは聞いたことがあるはずである。国語の教科書に必ず載る名歌である。春が過ぎて夏がきたらしい、香具山には白い衣をほしてあるから、という意味である。

これは古代の女帝として知られる持統天皇の作である。いかにも女性らしい感覚に満ちた歌である。もうちょっと深めてみたい方には、万葉集の冒頭、二つ目の長歌を紹介しておこう。

これは舒明《じよめい》天皇が香具山に登って国見したときの歌である。

大和《やまと》には　群《むら》山あれど　とりよろふ　天《あめ》の香《か》具山　登り立ち　國見をすれば　國原《くにはら》は　煙《けぶり》立ち立つ　海原《うなばら》は　かまめ立ち立つ　うまし國ぞ　あきづ島　大和の國は

（万葉集　巻一－二）

簡単にいえば、こうなる。大和の国にはたくさん山があるが、とりわけ天の香具山に登って国を見渡してみると、国の原には煙があちこちに立っているし、海原にはカモメが飛び交っている。本当にいい国だ、あきづ島の大和の国は。

「あきづ島」とは「秋津島」とも「蜻蛉島」とも書き、蜻蛉が尾をかんでいるように見えたということからつけられた「日本」の古称である。だから、この歌も、日本の実際の姿を詠んだものではなく、舒明天皇がイメージした光景を表現したものと見るべきである。

中には本気で「大和の国で、海が見えるはずがない」と反論する人もいると聞くが、それはあまりにも直線的過ぎるといわざるを得ない。あくまでもイメージで表現しているのである。

18 畝傍（うねび）　神武天皇即位の地

JR桜井線「畝傍駅」
近鉄橿原線「畝傍御陵前駅」　近鉄線「橿原神宮前駅」

畝傍山を取り巻くように、いくつかの駅が並んでいる。JR桜井線の「畝傍駅」がそのまま「畝傍」となっているが、実際は「畝傍御陵前駅」のほうが距離的には近い。

「畝傍御陵前駅」を降り立って目の前を見ると、畝傍山が聳《そび》えている。大和三山の中では標高一九九メートルということで、耳成山（一三九メートル）、香具山（一五二メートル）に比べると、やはり高い、大きい山である。

隣にある橿原《かしはら》神宮は、神武天皇がここで即位されたという故事にちなんで、明治天皇の発願で明治二三年に創建されたもので、きわめて新しい神社である。

畝傍山の北側には神武天皇の御陵があり、そこに神武天皇は眠っているとされる。

ただ、御陵というのはどこでも同じことだが、手を合わせてお参りするしかないところで、見るべきものはない。

「畝傍」はかつては「畝火」「宇禰備」「雲根火」など、さまざまな表記がされてきたが、今は「畝傍」で落ち着いている。「畝のように伸びている」といったところからつけられた地名と考えることができる。

『日本書紀』によれば、大和に入った神武天皇は即位する場所を探し、

「観れば、夫の畝傍山《うねびやま》の東南《たつみのすみ》の橿原《かしはら》の地《ところ》は、蓋《けだ》し国の墺区《もなかのくしら》か。治《みやこつく》るべし」

やはり畝傍山は男性だ！

と述べたという。畝傍山の東南の地点だとすると、まさに現在の橿原神宮の場所ということになる。

さて、ここでどうしても言及しておきたいことがある。それはこの三山が「三角関係」にあったという伝承についてである。

「三角関係」ということだから、男女三名にいざこざがあってもめたということである。三名とは「香具山」「耳成山」「畝傍山」のことである。その昔、この三山が相手を思うばかりにもめたことが万葉集の歌として残されている。

香具山《かぐ》は　畝傍《うねび》ををしと　耳梨《みみなし》と　相争ひき　神代より　かくなるらし　いにしへも　しかなれこそ　うつせみも　つまを　争ふらしき（万葉集　巻一－一三）

これを要約すると、香具山は畝傍を雄々しいと思い、耳梨山と争ったことがあるらしい。それは神代の話だが今でも夫《つま》をめぐって争うことがあるらしい、といった意味である。

この三角関係については、国文学者の世界ではさまざまな議論が繰り返されているらしい。専門的な議論に加わるつもりはないが、まずそれぞれの山を男性と見るか、女性と見るかで話は大きく変わってしまう。

素直に読めば、どうやっても香具山は女性のように思える。しかし、逆に香具山を男性と見る見解もあるとのこと。

私の読み方では、香具山と耳成山は女性。その二人の山が雄々しい畝傍山に憧れて争ったという解釈になる。もちろん、香具山をそのまま女性にしておき、耳成山を男性にすることも可能だ。その場合は香具山は耳成山を夫に持ちながら、畝傍山と不倫しようとしたということで争ったという関係になる。

私がこのようなことに関心を持ったのは、ある権威ある歴史のガイドブックに、畝傍山が女性に見立てられたという記事を見てからである。

私には大いなる違和感が残った。畝傍山はどう考えても女性ではない。男性を思わせる雄々しさと逞しさを備えた山であると思った。それに対して、香具山や耳成山は女性的である。山が人間に与えているものは、その姿である。香具山はなだらかな丘陵地に近い。耳成山は端正な三角錐である。

一方、畝傍山は東から見ると三角錐だが、南から見ると、大きな畝が連なったような男性的な姿をしている。

読者も実際に大和三山を歩いてみて、判断してみよう。

畝傍山は火山活動の影響でつくられた山と見られている。かつて「畝火」と書かれたことも考えると、何か激しさを感じさせる山である。

それにしても、男女関係で三つの山が争ったという話はおもしろい。今では考えられないユニークな話である。

四

ちょっと寄ってみたい神戸の駅名

1 三ノ宮（さんのみや）　三宮神社から

JR神戸線「三ノ宮駅」
阪急神戸本線・阪神本線・神戸高速・神戸新交通・神戸市交通局「三宮駅」

「三（ノ）宮」は神戸を代表する繁華街である。JRはもちろん、阪神、阪急、神戸高速鉄道などが一点に集中し、新幹線から最も近い駅としてもよく利用されている。

ところで、まず基本的な事実を押さえておこう。これだけの駅が集中しているにもかかわらず、駅名が統一されていないことだ。JRの駅は「三ノ宮駅」、その他はすべて「三宮駅」である。

どちらが正しいのかというと、「三宮駅」ということになる。なぜなら、この駅名の由来はこの地にある「三宮神社」に由来するからである。神社名は「三ノ宮神社」ではなく、「三宮神社」である。本来ならば、この「ノ」は不要なのだが、明治の初め、全国的に鉄道が敷かれることになったとき、当時の国鉄は、読み方が紛らわしい駅には「ノ」を入れることを原則とした。東京の「御茶ノ水駅」もそうだし、大阪の「桜ノ宮駅」「森ノ宮駅」もそうであった。

それに対する私鉄のほうは、そんなしばりがなかったために素直に「三宮駅」としたのである。

さて、この駅名のもとになっている「三宮神社」だが、ここにも神戸独特の秘密が隠されている。

一般に「一宮」「二宮」「三宮」というと、そのほとんどは律令時代に設置された当該の国を代表する神社を指している。例えば「一宮」といえば、その国のトップに位置する神社のことで、国ごとに指定されたのである。

関西でいえば、摂津国の一宮は住吉《すみよし》大社、河内国の一宮は枚岡《ひらおか》神社、大和国だと大神神社、和泉国は大鳥《おおとり》神社、山城国は二つで、賀茂別雷《かもわけいかずち》神社（上賀茂《かみがも》神社）と賀茂《かも》御祖《みおや》神社（下鴨《しもがも》神社）である。

全国の地名でも、愛知県の「一宮市」は尾張国一宮の真清田《ますみだ》神社に由来し、千葉県にある「一宮町」も上総国一宮の玉前《たまさき》神社に由来する。

この「一宮」「二宮」「三宮」の数字は何を意味しているか。

周知のように、奈良時代、聖武天皇は東大寺に大仏を造営し、全国に国分寺を置いた。いわば、当時の朝廷は外来仏教を精神的バックボーンにして、全国の統一を図ろうとしたのである。中央からはそれぞれ国司が派遣され、地方を治めることになるのだが、その国司は仏教を武器に派遣されることになる。

ところが、地元にはそれぞれ信仰を集めている社があったわけで、それらとの軋轢《あつれき》は当然あったはずなのである。仏教はしょせん六世紀に伝わったものであり、当時としてはたかだか二〇〇年にも満たない新興宗教にすぎなかった。

そこで、国司は国に戻るたびにその国で最も由緒のある神社を訪れ、参拝することを慣例とした。したがって、その時点で最も権威のある神社から「一宮」「二宮」「三宮」と名づけたというわけである。

そのうち、いちいち表敬参拝することが難しくなると、六つ程度の神社を一カ所に勧請《かんじょう》して六つの神社を回ったことにするようになる。これも時代の流れであろう。簡単にいうと、六つも回るのは大変だから、一つにまとめてしまえ、という発想である。

意外にも小さい三宮神社

その結果できたのが「総社」「惣社」といった神社である。もちろん「総」はまとめる意味である。現在でも国府があったところにはこのような地名が残っていることが多い。「総社」という地名があるだけで、その地に国府が置かれていた証にもなっている。

さて、ここで話を神戸の「三宮神社」にもどす。地名に関心を持っている人は、このようなことを知っているので、この「三宮神社」もこの摂津国の「三宮」ではないかと考えてしまう。ところが、それはまったく異なっている。

実際に行ってみると、三宮神社はとても小さい神社である。とても国の三番目の神社と呼べるものではない。線路の北側にある生田《いくた》神社は大きな神社で多くの参拝者を集めている。

実は、この三宮神社は生田神社の裔神《すえしん》八社のうち、第三番目の神社ということになっている。天照大神が素戔嗚尊《すさのおのみこと》と誓約したときに、成った五男三女神を祀っているのが、この裔神八社なのだという。

「一宮神社」から「八宮神社」まであって、この「三宮神社」は湍津姫命《たきつひめのみこと》を祀っている。交通の安全と商工業の発展を守る神とのことである。

小さな神社だが、ここを訪れる参拝者の礼儀正しい姿には感銘する。神社の前を通るだけで、足を止め、社殿に向かって手を合わせていく人が多い。東京ではまず見かけない光景である。

2 西宮（にしのみや）　やっと「ノ」が取れた！

JR神戸線「西宮駅」

この西宮駅に関しては、ぜひこの前の「三ノ宮」を読んでからごらんいただきたい。同じようなことがベースになっているからである。この「西宮駅」も「三ノ宮駅」と同じ、明治七年に関西で初めて鉄道が敷かれたときに開業している。

もともと、この地は「西宮神社」があったところから、「西宮」と呼ばれてきた地域である。ところが、当時の国鉄は、「西宮」では「にしみや」と呼ばれてしまい、間違われる恐れがあることから、紛らわしい駅名には「ノ」をつけることにしていた。したがって、町自体は「西宮」にもかかわらず「西ノ宮駅」とずっと表記されてきた。

もちろん、市民は本来の「西宮駅」に変更してくれとたびたび国鉄に陳情していたらしいが、国鉄側はなかなか重い腰を上げようとしなかった。その最も大きな原因は経費である。実は駅名に限らず、地名を変更するとなると、莫大な経費がかかり、それゆえに一旦改変してしまった地名を元にもどすというのは、限りなく不可能に近い。

事実、たった「ノ」だけであろうとも、駅の看板、時刻表などを修正するとなると莫大な経費がかかってしまうのである。

「ノ」を取る運動は何十年も続けられたが、ひょんなことで、チャンスがめぐってきた。

それは、国鉄（JR）側が西宮駅の西隣に新たに「さくら夙川《しゆくがわ》駅」を開設することになり、ついては、西宮市にも周辺の整備など協力をお願いできないかという話だった。市側は検討した結果、協力しましょうという回答をしたという。

その背景には、ついでといっては何ですが、この機会に「西ノ宮駅」の「ノ」を取

あでやかな神楽の舞

ってくれませんかと、逆に条件をつけたのである。

これが成功した。JR側としても、新しい駅を設置するに当たって、当然のこととして駅の表示や看板を書き換えなければならない。時刻表も修正しなければならない。当然そのための経費は計上してあるのである。「西ノ宮駅」は「さくら夙川駅」の隣だから、ついでに「西ノ宮駅」の「ノ」を取ればよかったのである。

平成一九年三月一八日、めでたく「さくら夙川駅」が開業したが、と同時に「西ノ宮駅」の「ノ」が取れて、一三三年間の市民の願いが実って「西宮駅」となったという感動の話である。

西宮神社は古くからえびす様を祀り、とりわけ正月九～一一日に行われる十日戎《とおかえびす》は伝統の行事として多くの信者を集めている。

私が訪れた五月五日は、たまたま神楽祭が催され、色彩あでやかな舞を見ることができた。

3 売布神社（めふじんじゃ）「姫」が織った布の歴史

阪急宝塚本線「売布神社駅」

宝塚線も宝塚市に入ってくると、結構な山の中に入ってくる。「売布神社駅」の小さな駅に降り立って、さあ、売布神社にはどう行けばいいのかと駅員さんに聞いてみると、若い男性の駅員さんは線路を渡ってまでして、この先を左に上っていけばありますよ、と丁寧に教えてくれた。

大阪を中心にした関西エリアでは、どうして皆こんなに親切なのだろう。駅めぐりをしていていつも、こんなことに感動してきた。

さて、今回の目的は「売布神社」の謎を解くことだ。そもそもなぜ「売布」を「めふ」と読むのかさえわからない。

巡礼街道という細い道を少し上ると、すぐ右手に売布神社があった。境内の看板にはこう書いてある。

「今から約一千三百八十余年前の推古天皇十八年の御創建で　御祭神は下照姫神（大国主神の姫君）とその夫君の天椎彦神をお祀りしています

当地に来られた下照姫神は　住民が飢えと寒さで困窮せるを見給いて　稲を植え麻を績ぎ　布を織ることを教えられました　その後豊かな生活を送ることができた里人は　その御神徳を慕い　聡明で美しい姫君さまをお祀りしました

現在では衣・食・住・財の守護神として　また恋愛　結婚成就の神様として崇敬されています」

なるほど、そういうことかと話としては理解できたものの、なぜこの地に大国主神の娘が来たのかということだ。それは文献的にも一切わからないのだが、この地は古来物部氏の一族が住んでいたことで知られており、そのことと何か関係あるのだろうか。

さて「売布」の謎を解いてみよう。最初は姫が来て、作った布を「売った」のかとも思ったのだが、それは違うことに気づいた。古い神社名で「比売」という文字がついたものがある。奈良県には例えば、「阿陀比売《あだひめ》神社」（五條市）、「波比売《はひめ》神社」（吉

静かなたたずまいの境内

野郡下市町）がある。いずれも「比売」を「ひめ」と読ませており、女の神を祀っている。

それに対して、「比古」もしくは「彦」がついた神社は男の神を祀っているのである。「姫」「比売」は女の神様、「彦」「比古」は男の神様を意味している。

蛇足だが、大阪府柏原市にある「鐸比古《たくひこ》鐸比売《たくひめ》神社」は「鐸比古神社」（男の神）と「鐸比売神社」（女の神）を合体したものである。

次の難問は、「売」をなぜ「め」と読むのだろうかということ、これは難しい。いわゆる漢字の範囲ではこの「売」は「め」と読むことはできない。が、さらに調べてみると、漢音の渡来する以前の「呉音」では「め」と読むことが判明した。呉音とは漢音の渡来以前に、朝鮮半島を通じて渡来した中国南方系の音である。例えば普通の漢音では「男女」は「だんじょ」だが、呉音では「なんにょ」となるようなものだという。

だから、古い神社になればなるほど、「比売」を「ひめ」と読むことになるのである。

4　宝塚（たからづか）　幸せをもたらす宝の塚から

阪急宝塚本線「宝塚駅」
JR福知山線「宝塚駅」

宝塚というと、阪神地区では高級な住宅地といったイメージが漂う。実際訪れてみてびっくりしたのは、街も建物もすっかり明るく近代的に様変わりをしている。確かにハイカラな雰囲気が出てはいるものの、その背景に阪神・淡路大地震があったことを考えると、素直には喜べない話だ。

宝塚は大正時代にできた宝塚歌劇団や、地元が生んだ天才漫画家の手塚治虫記念館など、訪れる人々を今でも魅了している町である。その「宝塚」の由来は、昔、ここに、その塚の周りで物を拾うと幸せになれるという「宝の塚」があったことによるという。

その真相を尋ねる旅に出た。図書館で調べてみると、この地で「宝塚」という地名が最も早く見られるのは、その名も「宝泉寺」という寺の縁起帳に出ている山号の「宝塚山」であるという。慶長元年（一五九六）のことである。この「宝塚山」は今の「御殿山」一帯の山を指しているという。

元禄一四年（一七〇一）に編纂された地誌『摂陽群談』には、「宝塚」として次のように記されているという。

「同郡米谷村にあり。此塚《このつか》の許《もと》に於《おい》て、物を拾ふ者、必幸《かならずしあわせ》あり。是《これ》を以《もつ》て、宝塚と号《なづく》るの所伝《しよでん》たり」

これを見ると、やはり幸せをもたらす宝の塚はあったようなのである。

明治一九年に武庫川《むこがわ》の右岸の開削が行われて、温泉場ができ、「宝塚温泉」が誕生。さらに明治三〇年には阪鶴鉄道が開業して「宝塚駅」ができた。さらに明治四三年には箕有《きゆう》電鉄の開通で終着駅が「宝塚駅」と命名された。この箕有電気鉄道がその後の阪急電鉄宝塚線になるのである。

この時期に宝塚の発展に大きな貢献をしたのが、阪急電鉄の小林一三《こばやしいちぞう》であった。小林は全国に先駆けて、鉄道敷設と温泉、劇場名をリンクさせた一大レジャーランドを実現させたのである。

宝塚温泉から宝塚歌劇団（正面）を望む

この「宝塚」の名にちなんで、行政サイドも大いに発展していく。昭和二六年には小浜村を中心に、安倉・米谷・川面などの村々を合併して「宝塚町」を実現した。そして、昭和二九年にはついに「宝塚市」に発展する。

宝塚市は現在人口二二万余りの町にまで発展している。これも「宝塚」のお陰か？

6 尼崎センタープール前 競艇の専門用語から

阪神本線「尼崎センタープール前駅」

本書では専《もっぱ》ら古代から中世にかけての古い地名（駅名）を取り上げているが、この駅だけは本書では異質である。この駅ができたのは、昭和二七年のことで、戦後である。

できた当初は、親子連れで水着を持ってこの「センタープール」に出かけた人がいたというほど、この駅名は市民プールのイメージがある。駅を降りると、家族で楽しめる市民プールがあるといったイメージなのだ。

ところが、実態はまったく別で、これは競艇場なのである。開業当初は臨時駅で、競艇が行われる日だけ電車が停まったのだが、現在は各駅停車は必ず停まり、さらに競艇開催日には快速急行と急行が臨時停車することになっている。

問題は「センタープール」という名称である。本来ならば、「尼崎競艇場前」でいいはずなのに、なぜ「センタープール」となったのか。それには、競艇そのものの説明をしなければならない。私にとって競艇は未知の世界だが、一緒に番組づくりをしたＡＢＣ朝日放送のスタッフの話をまとめると、次のようになる。

競艇ではふつう、六人の選手が並んで左回りにボートをあやつり、その速さを競うことになっている。一般的にいうと、六艘並んだボートでは内側に位置するボートが有利だとされている。ところが、尼崎競艇場では、強い西風の関係で、真ん中に位置する二番目・三番目の選手がトップに立つことがあるのだそうだ。

その真ん中のコースのことを「センタープール」と呼ぶ。この尼崎競艇場はあまりにもセンタープールが強いので、知らず知らずのうちに、「尼崎センタープール」と呼ばれることになったという。

そこで、ここに競艇場向けの駅ができることになったとき、市民が好んで使っていた「尼崎センタープール」を駅名にしたのだという。

なかなかいい話である。ふつう、競艇とか競馬とかは公営ギャンブルとして金がからむ場所だが、そのイメージを超えたしゃれた命名である。

駅の改札を出てアーケードを通り抜けると、そこはもうセンタープールである。ここでの名物は「多幸焼《たこやき》」。見た目はタコ焼きなのだが、タコの代わりにコンニャクが入っているとのこと。六個一〇〇円という安さで、「多幸焼」という命名もいい。いちど、食べてみたいのはやまやまだが、それには競艇に賭けなくてはならないのだろうか。

7「打出」(うちで)　打出の小槌伝説が今に生きる

阪神本線「打出駅」

大阪方面から阪神線に乗っていくと、「芦屋《あしや》駅」の一つ手前が「打出駅」だ。いったい「打出」というのは何なのか、気になるところだが、「打出」といえば、「打出の小槌」を連想したくなるのも自然の感情である。

この「打出」の地名は鎌倉時代から見られる地名だが、江戸時代になると「打出村」になり、明治二二年までその「打出村」は続くことになる。この「打出」という地名にあやかって「打出小槌町」という町名ができたのは昭和一九年のこと。たぶん、当時の時代背景を考えると、打出の小槌でも振って逼迫《ひっぱく》した経済状況を乗り越えようとしたのではと推測される。

戦後になって、「打出親王塚町」が「親王塚町」に、また「打出春日町」が単なる「春日町」に簡素化される中で、この「打出小槌町」だけは今でも存続している。

この「打出村」には、昔から打出の小槌伝説なるものが伝えられている。

昔、この村に隠里《かくれさと》というところがあって、長者が住んでいた。長者は槌《つち》を持っていて、それを振ると何でも願いがかなうという大切な宝であった。

打出小槌という地名もこれから名づけられたという。今でも静かな夜中に大地に耳をつけて聞いてみると、地下の遠くから宴の音が聞こえてくる。そして、この地で物を拾ったら必ず幸せになれる。

何でもこの小槌は、もと芦屋沖の龍神が持っていたもので、その龍人が人に化身して、聖武天皇に献上したといわれている。

芦屋沖に龍神が住み、海中の魚たちがこの神を祀るために、闇夜に火をともし、この火を沖の竜灯という伝説は芦屋の里の七不思議の一つとして古くから伝わっている。

これはある時期に、誰かが作り上げた話であろうが、それにしても縁起のいい話ではある。

日本で最も豊かな町なのだろう

実際はどうであったかというと、大きく二つの説が考えられる。

一つは、「打出浜」のことで、海の浜に打ち出しているという説である。滋賀県の大津にも「打出浜」というところがあるが、それと同じである。本来の意味はこんなところだろう。

もう一つの説は、歴史的にここで軍が「打ち出た」ところからとする。大正八年に復刻された『摂津名所図会』では、神功《じんぐう》皇后が三韓を征して帰路についたとき、敵対する軍が軍船を子の浜に集めて皇后の軍を攻めるために打ち出でたところから「打出浜」というようになったと説明している。

駅の近くに「金塚《かねづか》」「黄金塚《こがねづか》」と呼ばれる古墳が残されている。正式には「金津山《かなつやま》古墳」というが、これもなかなか縁起のいい古墳である。

この古墳には、昔ここに住んでいた阿保《あぼ》親王（七九二〜八四二）が万一の飢餓に備えて財宝を埋めたという言い伝えがある。そういう話があるだけで、何となくリッチな気分に浸れるのも楽しみの一つである。残念なことに、以前来たときは全体が見えたのに、今回行ってみると、新しい住宅に取り囲まれてしまっていた。

阿保親王とは、平城《へいぜい》天皇の皇子で、その御子には平安前期の歌人として知られる在《あり》

訪ねるだけで幸せになれそうな打出駅

原業平《わらのなりひら》がいる。親王は風光明媚なこの打出浜を愛《め》で、ここに別宅を営んで風月を友としたという。

駅前の坂を登っていったところに阿保親王塚がある。

たぶん、この地域は日本でも最もリッチな気分にさせてくれる街である。

8 滝の茶屋（たきのちゃや） 万葉集に詠まれた「垂水」を探す

山陽電鉄本線「滝の茶屋駅」

神戸市のいちばん西に位置しているのが「垂水区《たるみ》」である。ここは明石《あかし》海峡大橋をはさんで、目の前に淡路島が連なっている風光明媚なところだ。垂水という地名は古代から「垂水郷」「垂水荘」として長く続いてきたのだが、「垂水村」となったのは明治二二年の市町村制の実施以降のことである。戦後の昭和二一年になって「垂水区」として昇格（?）している。

この「垂水」という地名の由来はきわめて単純で、「垂れ落ちる水」則ち「滝」のことである。これは何も神戸市の垂水の専売特許ではなく、どこにでもある地名である。特に日本は山が多いので、「垂水」の地名は多い。大阪府吹田《すいた》市にも「垂水」があるし、発音は違うが鹿児島県には「垂水市《たるみず》」がある。

しかし、全国的に見て、神戸の垂水は代表格で昔から歌にも詠まれてきた。

石《いわ》ばしる垂水の上のさわらびの
　萌《も》えいずる春になりにけるかも　（万葉集　巻八－一四一八）

これは万葉集に収められている志貴皇子《しきのみこ》の歌である。昔、国語の教科書には必ず出ていたので、記憶にある人も多いに違いない。岩の上から落ちる滝の上にワラビが出てきて、ようやく春になったなあ、といった歌である。

この歌に詠まれた「垂水」とはこの神戸の垂水区の滝なのだそうだ。ならば、この垂水をさがしてみたい。私はそういう人間である。図書館で調べてみると、その手がかりは「滝の茶屋」という駅名にあることがわかった。「滝の茶屋駅」の開業は大正六年のことで、決して新しいわけではない。

本には次のように書いてある。

「山陽電車に『滝の茶屋』駅（神戸市垂水区）がある。昭和に入っても、駒捨《こますて》の滝、琵琶の滝、恩地《おんち》（陰地）の滝、白滝の四カ所があったというが、今は跡形もない。この滝が垂水の地名語源とされるだけに、駅名に残ったのが、せめてもの救いである」（有井基『ひょうごの地名を歩く』）

「茶屋」に関する地名は全国いたるところにあるが、まず間違いなく、そこに茶屋があったことに由来している。大阪市の有名な「天下茶屋」「萩ノ茶屋」はもちろんだが、京都の叡山電鉄鞍馬線の「二軒茶屋」は二軒の茶屋があったことが確認されているし、東京世田谷の「三軒茶屋」も三軒の茶屋があったことがわかっている。

もともと、「茶屋」というのはとてもわかりやすい話で、茶屋がないのに、「茶屋」という地名をつけることはできない相談なのだ。だから、この「滝の茶屋駅」周辺にも必ず「滝を見る茶屋」があったはずなのである。

「滝の茶屋駅」に着いたが、滝らしきものはまったく見つからない。住民の間でも滝の話はほとんど消えてしまっているらしい。何人かに聞いてみてもわからないので、

正面に明石海峡大橋と淡路島を望む手前の高台から
下の国道へ滝が落ちていた

通りかかった交番に飛び込んだ。こんなことを聞きにくる人は初めてだという顔をしていたが、地図でさがしていくうちに、確かにそれらしい滝の跡は残っているという。

とにかく記録的な炎天下、私は「滝の茶屋」の次の「東垂水駅」から「滝の茶屋駅」まで国道沿いに歩いてみた。海岸沿いに国道が走り、それに沿ってJRと山陽電鉄の列車がひっきりなしに走っている。昔はこの鉄道の上に続く台地から幾筋もの滝が流れ落ちていて、それが「垂水」と呼ばれていたのである。

交番のおまわりさんが言うように、二カ所に滝の跡が発見された。それが何と呼ばれていたかはわからないが、とにかく、滝があったことだけは証明された。炎天下で、ほぼ脱水症状…。

8 鵯越（ひよどりごえ）　義経が越えたという峠

神戸電鉄有馬線「鵯越駅」

男なら、いちどはこの「鵯越」を見てみたいと誰でも思うだろう。元暦元年（一一八四）源範頼《のりより》・義経の平氏追討軍と平氏の間で行われた「一の谷の合戦」で義経が「鵯越え」を敢行し、山の上から一気に駆け下る、いわゆる「逆落とし」の伝説上の地であるからだ。この合戦に負けたことによって、平家は一門の多くを失ってその後衰退の道をたどっていく。

この戦いを描いたものとしては『平家物語』『吾妻鏡』などがあるが、この合戦についての記述は多様で、どれが正しいかを決めることは難しい。また歴史家の間でも多くの意見が戦わされている。

しかし、義経が七〇騎ほどを率いてこの鵯越を越えたことは事実のようだ。これまでの研究では、義経が逆落としをかけたのはこの鵯越であるという説もあるが、これはやはり無理のようだ。鵯越は海から遠く離れた峠であって、直接馬で駆け下りてみても、そこに平家の陣があったとはとても考えられない。

『平家物語』によれば、武蔵坊弁慶《べんけい》が道案内を探したところ、猟師の若者がその任に当たったという。若者が「この峠はとても人馬は越えることはできません」と言うと、義経は「鹿ならこの道を越えることができるか」と問うたという。若者が「鹿なら越えます」と言うと、義経は「鹿が越えるならば、馬も越えよう」と言って、峠越えをしたという。

実際は写真に見るように、ここから八キロ離れた一の谷で逆落としをかけたというのが真実であろう。

神戸電鉄有馬線には初めて乗ってみた。「新開地」で乗り換えて、「湊川」「長田」「丸山」と続き、その次が「鵯越」である。もう完全な山の中である。

ほとんど観光客なぞは来ないと見え、名所案内も消えかかっている。無人駅なので、人に聞くこともできない。とりあえず、北西〇・五キロのところに「鵯越の碑」があるというので、そこまで行ってみる。ところがすごい急坂で、さすがに鵯越だとの思いがふつふつと湧いてくる。登り詰めてみると、そこにはアスファルトの大きな

鵯越から一の谷方面を望む

道が走っているが、その道がなければ、とんでもない山道である。

関東や東北などにはまったく見られない山並みである。とにかく複雑に谷が入り組んでいる。信州などの山並みは大きな渓谷になっていて、川筋に沿って登っていけば、ある程度までは行けるようになっている。

だが、ここの山並みはどこをどのように行ったら峠を越えることができるのかがわからない、といった感じなのだ。これでは平家も油断するわけである。とにかく、義経はこの山地を馬で越えたことになっている。

この「鵯越」に関しては、幾つもの説があって、正解はない。天皇がこの山地に身を隠していて、この峠を越えるとき、いつもヒヨドリが道案内をしたという伝説によるものや、狭い谷なので、ヒヨドリのような小さな鳥しか飛べないという説まであるが、柳田《やなぎた》国男《くにお》は『地名の話』の中で、峠のことを「ヒョウ」と読んだことにちなむのではという意見を出している。

ここは、単に地形というよりも、ヒヨドリにひっかけて解釈したほうがおもしろいし、実態にも合っているのではないか。

私の目には、ヒヨドリくらいしか越えることができない険しい峠というのが真相のように見えた。

取材を終えて帰りの電車に乗ってびっくりしたこと。とにかくこの有馬線の線路の勾配《こうばい》がすごい！　正確に何度で下る線路になっているかは確かめてはいないが、オーバー（三〇〇パーセント？）に言えば、ジェットコースター並みの下り坂である。それだけ、神戸では海の近くの平地から山に登るのは急激だということである。

これだけは、現地に行ってみなければわからない。

参考文献

『古事記』(新潮日本古典集成)
『日本書紀』(岩波文庫)
『万葉集』上下(岩波文庫)
吉田東伍『大日本地名辞書　上方　第二巻』
『角川日本地名大辞典25　滋賀県』(角川書店)
『角川日本地名大辞典26　京都府(上下)』(角川書店)
『角川日本地名大辞典27　大阪府』(角川書店)
『角川日本地名大辞典28　兵庫県』(角川書店)
『角川日本地名大辞典29　奈良県』(角川書店)
『日本古代史地名事典』(雄山閣)
『日本古代氏族事典』(雄山閣)
池田末則『古代地名発掘』(新人物往来社)
池田末則編『奈良の地名由来辞典』(東京堂出版)
源城政好・下坂守編『京都の地名由来辞典』(東京堂出版)
谷川健一編『日本の神々　3　摂津　河内　和泉　淡路』(白水社)
谷川健一編『日本の神々　4　大和』(白水社)

谷川健一編『日本の神々　5　山城　近江』（白水社）
本島進『「伝承」で歩く京都・奈良』（慧文社）
山谷和弥『駅名ものがたり』正・続（カギコウ）
『安曇川町史』（安曇川町）
坂本博『信濃安曇族の謎を追う―どこから来て、どこへ消えたか―』（近代文芸社）
甲賀市教育委員会編『聖武天皇の夢と謎』（新人物往来社）
『天平の都　紫香楽』（信楽町）
国立歴史民俗博物館編『桓武と激動の長岡京時代』（山川出版社）
中山修一編『よみがえる長岡京』（大阪書籍）
『奈良県史　14　地名―地名伝承の研究』
邦光史郎『飛鳥の謎』（祥伝社黄金文庫）
西川寿勝・相原嘉之・西光慎治『蘇我三代と二つの飛鳥』（新泉社）
石野博信ほか『三輪山と日本古代史』（学生社）
平林章仁『三輪山の古代史』（白水社）
三輪山文化研究会編『神奈備　大神　三輪明神』（東方出版）
池田源太『三輪明神への接近』（大神神社）
上野誠『大和三山の古代』（講談社現代新書）

田中日佐夫『二上山』(学生社)
『中将姫物語』(当麻寺)
泉武夫『信貴山縁起絵巻』(小学館)
川端道春『宝塚の風土記』(川瀬書店)
『京福電気鉄道 50年の歩み』(京福電気鉄道株式会社)
田中真人・宇田正・西藤二郎『京都滋賀 鉄道の歴史』(京都新聞社)
谷川彰英『地名の魅力』(白水社)
谷川彰英『京都 地名の由来を歩く』(ベスト新書)
谷川彰英『東京・江戸 地名の由来を歩く』(ベスト新書)
谷川彰英『「地名」は語る―珍名・奇名から歴史がわかる』(祥伝社黄金文庫)
谷川彰英『大阪「駅名」の謎―日本のルーツがみえてくる』(祥伝社黄金文庫)

一〇〇字書評

切り取り線

購買動機（新聞、雑誌名を記入するか、あるいは○をつけてください）

□（　　　　　　　　　　　　）の広告を見て
□（　　　　　　　　　　　　）の書評を見て
□ 知人のすすめで　　□ タイトルに惹かれて
□ カバーがよかったから　　□ 内容が面白そうだから
□ 好きな作家だから　　□ 好きな分野の本だから

●最近、最も感銘を受けた作品名をお書きください

●あなたのお好きな作家名をお書きください

●その他、ご要望がありましたらお書きください

住所	〒				
氏名		職業		年齢	
新刊情報等のパソコンメール配信を 希望する・しない	Eメール	※携帯には配信できません			

あなたにお願い

この本の感想を、編集部までお寄せいただけたらありがたく存じます。今後の企画の参考にさせていただきます。Eメールでも結構です。

いただいた「一〇〇字書評」は、新聞・雑誌等に紹介させていただくことがあります。その場合はお礼として特製図書カードを差し上げます。

前ページの原稿用紙に書評をお書きの上、切り取り、左記までお送り下さい。宛先の住所は不要です。

なお、ご記入いただいたお名前、ご住所等は、書評紹介の事前了解、謝礼のお届けのためだけに利用し、そのほかの目的のために利用することはありません。

〒一〇一-八七〇一
祥伝社黄金文庫編集長　吉田浩行
☎〇三（三二六五）二〇八四
ohgon@shodensha.co.jp

祥伝社ホームページの「ブックレビュー」からも、書けるようになりました。
http://www.shodensha.co.jp/bookreview/

祥伝社黄金文庫

祥伝社黄金文庫　創刊のことば

「小さくとも輝く知性」――祥伝社黄金文庫はいつの時代にあっても、きらりと光る個性を主張していきます。

真に人間的な価値とは何か、を求めるノン・ブックシリーズの子どもとしてスタートした祥伝社文庫ノンフィクションは、創刊15年を機に、祥伝社黄金文庫として新たな出発をいたします。「豊かで深い知恵と勇気」「大いなる人生の楽しみ」を追求するのが新シリーズの目的です。小さい身なりでも堂々と前進していきます。

黄金文庫をご愛読いただき、ご意見ご希望を編集部までお寄せくださいますよう、お願いいたします。

平成12年(2000年) 2月1日　　祥伝社黄金文庫　編集部

京都《きょうと》奈良《なら》「駅名《えきめい》」の謎《なぞ》　古都《こと》の駅名《えきめい》にはドラマがあった

平成21年10月20日　初版第1刷発行

著　者　谷《たに》川《かわ》彰《あき》英《ひで》

発行者　竹内和芳

発行所　祥《しよう》伝《でん》社《しや》

東京都千代田区神田神保町3-6-5
九段尚学ビル　〒101-8701
☎03(3265)2081(販売部)
☎03(3265)2084(編集部)
☎03(3265)3622(業務部)

印刷所　堀内印刷

製本所　明泉堂

ISBN978-4-396-31497-2 C0195

祥伝社のホームページ・http://www.shodensha.co.jp/

祥伝社黄金文庫

楠戸義昭　**醍醐寺の謎**

秀吉が死の直前に開いた「醍醐の花見」。なぜ醍醐寺で、なぜその時期に？　数々の謎を解き明かす。

邦光史郎　**法隆寺の謎**

左右対称でない回廊、金堂になぜ本尊が三体あるのか…謎、謎、謎に包まれた世界最古の木造建築に挑む。

邦光史郎　**謎の正倉院《しょうそういん》**

正倉院に千二百年間宝物が守られてきたのはなぜか？　数知れない謎を秘めた正倉院とその宝物群の解明。

邦光史郎　**飛鳥《あすか》の謎**

なぜ不毛の地・飛鳥《あすか》に王宮が造られ、文明が生み出されたのか？　初めて明かされる飛鳥時代の意外史。

邦光史郎　**『古事記』の謎**

高天原《たかまがはら》はどこにあったのか？　八岐《やまた》のおろちは何を意味するのか？　難解な『古事記』をわかりやすく解説。

三浦俊良　**東寺の謎**

五重塔、講堂、不開門《あけずの》…いたるところに秘史と逸話が隠れている。古いものが古いままで新しい！

祥伝社黄金文庫

松浦昭次
宮大工千年《みやだいく》の知恵
誇るべき日本の伝統技術。宮大工が培ってきた技と心意気には、私たちが失いかけている日本の美がある。

松浦昭次
宮大工千年の「手と技」
松浦さんの技には「伝統と、ものを生かす」心が脈々としていました—（尾道大本山 浄土寺 住職・小林海暢《かいちょう》）

松浦昭次
宮大工と歩く千年の古寺
宮大工による古寺案内は、一味違う。さあ、先人の「知恵」を知る旅に出かけましょう。

宮崎興二
なぜ夢殿は八角形か
なぜ平清盛《たいらのきよもり》は「六」に執着したか？ 小野小町《おののこまち》の悲恋を呼んだ「九」の秘密とは？ 数字から見た面白日本史。

田中 聡
名所探訪・地図から消えた東京遺産
帝都東京の地図から消えた名所の数数。それを探っていくと、思いがけず現代の謎も浮かび上がる…。

田中 聡
人物探訪・地図から消えた東京遺産
大隈重信と新橋ステーション、永井荷風と麻布・偏奇館…失われた名所で繰り広げられた数々のドラマ！

祥伝社黄金文庫

小林由枝《ゆきえ》　京都でのんびり
知らない道を歩くと、京都がますます好きになります。京都育ちのイラストレーター、とっておき情報。

中村壽男　とっておき京都
絶景、史跡、名店…京都でハンドルを握って25年。この街のことならおまかせください。

井沢元彦　日本史集中講義
点と点が線になる――一冊で、日本史が一気にわかる。井沢史観のエッセンスを凝縮！

楠戸義昭　車窓から歴史が見える
新幹線は大都市を結ぶ単なる交通手段ではない―関ヶ原の合戦、忠臣蔵など日本の著名な事件が展開する。

小林惠子《やすこ》　本当は怖ろしい万葉集
天武天皇、額田王、柿本人麻呂…秀歌に隠されていた古代史の闇が、今、明らかに――。

小林惠子《やすこ》　本当は怖ろしい万葉集〈壬申の乱編〉
大津皇子処刑の真相と、殉死した妃の正体が今、明かされる…大人気シリーズ、待望の第2弾。